दिल उल्फ़त और इज़हार

विपुल कुलश्रेष्ठ

अंजुमन प्रकाशन

Title : Dill Ulfat aur Izhaar
Author : Vipul Kulshetra
Published By-
Anjuman Prakashan
942, Mutthiganj, Prayagraj, 211003
www.anjumanpublication.com
anjumanprakashan@gmail.com

Price in India: 250 /-
Printed and bound in India.
First published by Anjuman Prakashan in 2025

Cover & Typeset by Anjuman Prakashan

ISBN : 978-81-19562-64-0

अनुक्रम

1

तू नज़रों के सामने नहीं होती, तो नज़रें तेरे दीदार को तरस जाती हैं
बेचैनी कैसे बयाँ करूँ, रूह क़रार को तरस जाती है
माना बेरुख़ी का शिकवा है तुझे मुझ से
तू क्या जाने इस शाख़-ए-गुल पर तुझसे ही बहार बरस जाती है

तू कहती है बदल गया हूँ मैं
यक़ीन कर, दिल चीर कर देख ले मेरा
हर ख़ून के क़तरे में तू ही
प्यार बरबस छलकाती है

वक़्त के साथ इज़हार-ए-इश्क़ का
अंदाज़ बदल भी गया हो मेरा
आज भी तू रोती है तो
आत्मा मेरी भी तड़प कर बेकस हो जाती है

जितनी देर जुदा होता हूँ मैं तुझसे
हर घड़ी इंतज़ार में निस्तेज और नीरस हो जाती है
बहुत गुमाँ है मुझे अपनी मोहब्बत की तासीर पर
पर जब तू ख़फ़ा होती है, सारी कायनात बेबस हो जाती है।।

2

बाहर मचलता हुआ सावन है
भीतर यादों में बसा तेरा यौवन है
बरसाती हवाएँ हौले से सहला रही हैं
दिल मे मीठी सी अगन जगा रही हैं

बैठे-बैठे अतीत से कुछ लम्हे चुरा रहा हूँ
लम्हे, भीगे से, गीले से, बेबाक से, शर्मीले से
दीवाना हूँ, ये क्या नवाज़िश कर रहा हूँ?
चिंगारी को आग से बुझाने की कोशिश कर रहा हूँ

कभी गीले पत्तों के तले, तेरे लबों का जाम पिया था मैंने
उस एक लम्हे में, नौजवानी का हर ख़्वाब जी लिया था मैंने
उन पल चिन्हों में एक, लौट-लौट कर आता है
कभी अरमान जगाता है, कभी ख़ुशी बरसाता है

एक सावन वो भी था
जब फुहारों में हाथ थामे चले थे
रूमानी फ़साने भी
उस मंज़र से कहाँ भले थे?
तेरे मरमरी बदन को, बूंदें छू न पाएँ इसलिए
अपनी बाँह का साया कर दिया था मैंने
मानों अपनी निगेहबानी में तेरे वजूद को
तेरे सौंदर्य को, भर लिया था मैंने

सावन ये भी है, सावन और भी आएंगे
हर सावन में यादगार लम्हों की हम रचना कर जाएंगे
फ़िलहाल बाहर मचलता हुआ सावन है
भीतर यादों में बसा तेरा यौवन है।।

3

सिक्का एक होता है, पहलू दो होते हैं
साथ-साथ ही जागते हैं, साथ-साथ ही सोते हैं
सुमन एक होता है, सुगंध और सुन्दरता दोनों जुदा होते हैं
साथ-साथ ही खिलते हैं, साथ-साथ विचरते हैं

सागर एक होता है, मीन और लहरें दोनों जुदा होते हैं
एक दूजे में समाते हैं, अठखेलियाँ करते हैं
हम भी तो दो जुदा शख़्स हैं, पर साथ हैं रात और दिन की तरह
तू मेरे अँधेरों को रौशन कर, मुझे सवेरा देती है सूरज की तरह

शिकवे कितने भी हों, दरमियाँ हमारे
कभी तू करे किनारे, कभी मैं करूँ किनारे
कभी तू मेरे सहारे
कभी मैं तेरे सहारे

तो फिर चलो साथ चलें हम
सिक्के के दो पहलू की तरह
साथ खिलें हम, सुमन और सुगंध की तरह
एक दुसरे में समाए हम, मीन और लहर की तरह।।

4

जब भी दूर से तुम्हें याद करता हूँ, यादों का मेला लग जाता है
कैसे जुड़ा और फूला-फला, हमारा जो ख़ूबसूरत नाता है
हाथ चूमने से शुरुआत हुई थी, अब लबों को चूमते नहीं थकता हूँ

सैंकड़ों मंज़र आँखों में तैर जाते हैं, मैं बे-साख़्ता सा तकता हूँ
कितनी बार आनंद की चरम-सीमा पर हम दोनो पहुँचे थे
कितनी बार आलिंगनबद्ध एक-दूजे को भींचे थे

अलहदा-अलहदा स्वाद कई, अलहदा-अलहदा जगहों में विचरण
खट्टी-मीठी बातें कई, जुगल-जोड़ों सा हमारा आचरण
तकरार के बोझिल पल, फिर सुलह के सैकड़ो वाक्ये

प्रीतिगान के स्वर मधुर, अपने अंतःकरण में अपना लिये
अतीत स्वर्णिम रहा हमारा, भविष्य से भी यही अपेक्षा करते हैं हम
वर्तमान की तस्वीर में, कल याद करने के लिए सुंदर रंग भरते हैं हम॥

5

मेरे दिल में एक झरोखा है जिसमें रोज़ झाँक लेता हूँ
वहाँ देख-देखकर तुझको एहसास-ए-पाक लेता हूँ
कभी तू मुस्कुराती है, कभी इतराती है
कभी इठलाती है, कभी खिलखिलाती है
कभी शरारत से इशारे कर, मुझे मुँह चिढ़ाती है

कभी कमसिन सी, शोख़ सी, मेरी माशूक़ा नज़र आती है
कभी भोली-भाली सी गुड़िया, फ़रमाइशें सुनाती है
कभी कामुक सी देवी रति, अरमान जगाती है
कभी गंभीर मुद्रा में सखी, मशवरा दे जाती है
कभी वात्सल्य की देवी, एक पल मे, हर पीड़ा हर लेती है

कभी गुनगुनाती है
कभी क़िस्से सुनाती है
कभी मेरी श्रोता बन, बढ़-चढ़ कर तारीफ़ लुटाती है
सुंदर समन्वय है, प्रेम, लड़कपन, दोस्ती, वासना और वात्सल्य का
हर भाव निर्मल, हर क्रिया निष्पाप
जैसे हों हिलोरे लेना, उद्गम पे गंगाजल का
पर रौद्र रूप के दिखते ही मैं ऐसा घबराता हूँ
तंद्रा भंग होती है, और मैं झरोखा बंद कर
रोज़मर्रा की ज़िंदगी में, वापस आ जाता हूँ।।

6

तेरे आँसू बहते हैं, मेरे दिल में सैलाब आ जाता है
तुझे खोने का ख़ौफ़नाक ख़्वाब आ जाता है
जितना तुझे चाहा है नहीं चाहा किसी को
परसतिश की है तेरी आँखों में, बसाया है तुझी को

तू मेरे मन-मंदिर की देवी है
मेरी इबादत का अंजाम है
मेरी कल्पनाओं की उड़ान है
मेरी ख़ुदा है, मेरी नबी है

तेरे बिना ज़िंदगी की कल्पना भी नहीं
तू ही मेरी मंज़िल, तू ही मेरा रास्ता सही
फिर क्यों उदासी तेरे चेहरे पे छाती है?
क्यों अनजानी आशंका से धड़कन घबराती है?

यक़ीं कर मैं तेरा हूँ, और सदा तेरा ही रहूँगा
ताउम्र तेरे संग तैरूँगा , तेरे संग बहूँगा
रोज़ इम्तिहान न ले मेरी उल्फ़त का
यूँ जनाज़ा न निकाल मेरी ग़ैरत का

शक-ओ-शुब्हा के साए नज़रों की जानिब न आने दे
मेरी पाक मोहब्बत को अपने वजूद पर छाने दे

दिल चीर कर देखेगी मेरा, सिर्फ़ तू नज़र आएगी
लहू की हर बूँद चीख़-चीख़ कर तेरे ही गीत गाएगी

आ अंदेशों का दामन छोड़
मेरी बाँहों में आ जा
मन में तो है ही
अब मेरी आग़ोश में समा जा।।

7

हम साथ हों, तो हर ओर बहार छा जाती है
मोहब्बत की रुत हर दिल को बहलाती है।
पर जुदा होते ही, जीवन वीरान हो जाता है
ख़ुशियों की जगह बस ग़म ही गहराता है।
उदास मन, तड़पता तन, हर कोना सूना लगता है
न यौवन का रंग, न सपनों का संग, सब कुछ थमता है।
हलक सूखा, ज़ुबाँ ख़ुश्क, दिल में दर्द का आलम है
बस अगन ही अगन, और चुभन ही चुभन हर पल संग है।
न दिल को क़रार , न चैन की बहार
मौसम रंगीला भी लगे अब बेकार।
न आँखों में नींद, न मन को सुकून
हर नग़मा ख़ामोश , हर धुन ग़मगीन।
चेहरे से रौनक़ खो सी गई
हर उत्साह की लौ बुझ सी गई।
न क़हक़हे , न हँसी के फव्वारे
बस कराहें गूँजती हैं हर किनारे।
रोती हुई हरियाली, मुरझाए से फूल
ढलकी हुई शाख़ें , और चुभते से शूल।
थकी-थकी सी चलती हवाएँ, कभी छू जाएँ, कभी चिढ़ाएँ
ख़रामा-ख़रामा चलता सा दिन, तेरे बिना ठहर सा जाए।
लंबी राहें, दिल की चाहें
दूर खड़ी मंज़िल को तकती निगाहें।
कल्पना की उड़ान, सिहरते अरमान
इंतज़ार का आलम, थमे से प्राण।
क्या कहूँ तुझसे, मेरे यारा
तेरी यादें बनी हैं जीने का सहारा
पर तेरी नज़र का सुकून जब मिल जाए
रूह को राहत का दरिया मिल जाए।
बस तेरे साथ की ख़्वाहिश , तेरी निगाह की बरकत
हर ग़म को जड़ से मिटा जाए।।

8

तू इस क़दर मुझमें है वाबस्ता, तेरा हर स्वर और सुर मेरी धड़कनें पहचान गई हैं
तेरी ख़ामोशी का मतलब भी मेरी सांसे जान गई हैं
कब अनमनी है तू, कब नाराज़ है तू मुझसे,
कब प्यार छलक रहा है और कब परेशान है मुझसे
तू कितना भी छुपा ले, बहाने लाख बना ले,
तेरी हसीं आवाज़ की कंपन मेरी रूह पहचान गई है

तू हंसे तो रौशनी है, तू रोए तो है अंधेरा
ख़ामोश हो तो शाम, शोख़ हो तो सवेरा
तेरी आवाज़ के इंतज़ार में हर दिन मेरा गुज़रता है
तेरी तल्ख़ी में लगे, जैसे मेरी ज़ुबाँ भी कहीं खो गया है।
बड़-बड़ करती है जब तू
लगता है जीवन ख़ुशगवार है
मासूमियत से बोले तो आ जाती बहार है
तेरी आवाज़ का सुर जो बदले
लगता है जीवन संगीत की तान गई है

जब बोलते हुए अचानक रुक जाए
तो क़यामत आई है
ख़ता ढूँढता हूँ अपनी
लगता है ज़िंदगी शमशान हुई है।।

9

मेरी शैतानी, मेरी शरारत, बह निकले तेरे अश्क
तेरे दिल का भर आना, रो-रो कर व्यथा सुनाना
वो मासूमियत, वो मोहब्बत की लहराती मुश्क
मेरे दिल में प्यार की बाढ़ ले आई
आँखों में बहुत सारा लाड ले आई

जी किया गोदी में बिठा के तुझे चूम लूँ मैं
तुझे बाँहों में उठाकर सारा जग घूम लूँ मैं
तू मेरी महबूबा भी है, मेरी गुड़िया भी है
मेरे सपनो की रानी, मेरी दुनिया भी है
अपनी शरारत की मुआफ़ी माँगता हूँ
गुज़ारिश है तुझसे एक एहसान चाहता हूँ

आइंदा मेरी शरारत पर ना आँसू बहाना
न मासूमियत से नाराज़गी जताना
तेरा अंदाज़ -ए-बयाँ इतना दिलकश इतना हँसीं होता है
उसे सुनने के लिए बार-बार शरारत करेगा तेरा दिवाना।।

10

जब तू नाराज़ होती है तो ख़ामोश हो जाती है
जैसे उफनती लहराती नदिया बाँध से आ टकराती है
फिर एक ठंड का एहसास होता है
सारा प्रेमरस जाने कहाँ सोता है

स्वभाव ठंडा, लगाव ठंडा
बातों का घुमाव-फिराव ठंडा
हंसी ठंडी, जवाब ठंडा
सलाम ठंडा, आदाब ठंडा

पर तेरी हर नाराज़गी में चाहत का रंग होता है
मन विचलित हो पर और प्यार तेरे संग होता है
तू शिकवा करती है, पर शिकायत भी प्रेम मे डूबा हुआ
ग़ुस्सा दिखाती है, पर प्रीतरस मे भीगा हुआ

तेरे नाज़ नख़रों पर मोहित हो जाता हूँ
दिल में झुंझलाहट हो
पर स्नेह से तेरा नाम बुलाता हूँ
आवेश त्याग मिन्नतें करता हूँ मनाता हूँ

फिर बदली से निकले चाँद की तरह तू जब खिलखिलाती है
सारा आलम चहक उठता है
ख़ुशी छा जाती है
जैसे बाँध का द्वार खुलने पर नदिया फिर मचल जाती है॥

11

जो बीत गया, वो ख़ौफ़नाक ख़्वाब था
जो बीत रहा है, वो सुखद अफ़साना है
जो बीत गया, वो काला स्याह हिजाब था
जो बीत रहा है, वो रंगीन आँचल का ताना-बाना है

उसका इससे कोई मेल नही
मोहब्बत की है तुझसे, कोई खेल नही
कैसे यक़ीन दिलाऊँ, तू कहे तो दिल चीर के दिखाऊँ
तुझे ख़ून के हर क़तरे में, अपनी सूरत नज़र आएगी

शायद उसी से, तेरी उदासी दूर हो पाएगी
कठिन राहें तय कर के, हम मिलें और हमराही बनें
प्रेम की मदिरा से लबरेज़ सुराही बने
तू भी छलकती है, मैं भी छलकता हूँ

मुझे सिर्फ़ तू नज़र आती है, तुझे सिर्फ़ मैं नज़र आता हूँ
कठिन रास्तों की टीसों पर
तवज्जो देने की किसे फ़ुर्सत है
ख़ौफ़नाक ख़्वाब संजोने की किसे ज़रूरत है

स्याह हिजाब हटाकर, रंगीन आँचल ओढ़ लिया हमने
एक दूजे को प्यार के बंधन में, सदा के लिए जोड़ लिया हमने
वो अतीत था बीत गया, कभी लौटकर आ नहीं सकता
एक दूजे से हमे अब कोई, जुदा कर नहीं सकता।।

12

बड़ी बानुक्स हमारी शख़्सियत है
हर अपने को हमसे शिकायत है
कहीं शक-ओ-शुब्हा है, कहीं शिकवे और गिले
ऐ परवरदिगार, बख़्शी कैसी नेमत है?

कोशिश करते हैं कि ख़ुशी बांटें, ग़म न दें किसी को
हँसी लुटाएँ, आँसुओं से दूर रखें सभी को
पर लोग यक़ीन नहीं करते
कि ये हमारी नेकनीयत है

मनाते-मनाते दिल पर छाले पड़ने लगे हैं
यक़ीन दिलाते, भरते ज़ख़्म सड़ने लगे हैं
लोग समझते हैं
हमारी मुस्कराहट भी एक रवायत है

क्या हम तन्हाई के लिए ही बने हैं, हमारा सामीप्य रास नहीं आता?
क्या किसी को भी ज़्यादा देर, हमारा साथ नहीं भाता?
शुक्रगुज़ार हैं उन ख़ुशगवार लम्हों के लिए जो उनकी इनायत है
हमारा क्या, हमारा वजूद बेजान पत्थर पर लिखी एक आयत है॥

13

ख़ता जो हुई अंजाने में हुई
सफ़ाई देना बेकार है
सौ बार माफ़ी में सर झुकाएंगे जाना
सिर्फ़ इसलिए कि तुमसे प्यार है

नाफ़रमानियाँ न हों
हम भी कोशिश करते हैं
नाराज़ न हो ये कोशिश तुम भी करती हो
इन्हीं कोशिशों में घुला बहुत सारा तुम्हारा दुलार है

मेरी आवाज़ सुने ये तेरा भी मन करता है
तेरी आवाज़ की तरंगों से मेरा भी दिन संवरता है
तू न सुन पाए तो क़यामत , मैं न सुन पाऊँ तो शामत
क़यामत और शामत के दरमियान मोहब्बत की इक झनकार है

अब छोड़ दे ग़ुस्सा , मेरी तरफ़ नज़रें उठा ले
पोंछ ले आँसू, मुस्कुरा, और दिल की नाशादगी भुला दे।
क्यों दूर है मुझसे, क्यों ये बेरुख़ी का आलम
एक हो जा मुझसे, मिटा दे ये सारा ग़म।
तेरी नाराज़गी भी तो प्यार का पैग़ाम है
इसी में छुपा मेरा सुकून, चैन - ओ- आराम है।
मत रहने दे इस दिल को यूँ तन्हा
तेरे करीब होने मे ही मेरी दुनिया जवान है।।

14

तेरे साथ बहुत से फूल बिखरते हैं, पर कुछ काँटे भी
तेरे बग़ैर बहुत से आँसू होते हैं, पर कुछ छाले भी
तेरे साथ बहुत सी ख़ुशियाँ मिलती हैं, पर कुछ तकरार भी
तेरे बग़ैर तन्हाई, ख़ालीपन होती है, पर कुछ तबियत नागवार भी

दो दिल जब मिलते हैं, तो मोहब्बत होती है
दो जान मिलकर, एक जान होती है
ख़ता भी जब होती है, कुछ तुझसे होती है
कुछ मुझसे होती है

पर क्या हम फूलों को भूल, काँटों की सेज सजाएंगे?
आँसूओं की कश्ती पर छालों के पतवार चलाएंगे?
तन्हाई और ख़ालीपन या नाशादगी की नदिया में बह जाएंगे?
चंद ख़लिशों के लिए पाक-साफ़ मोहब्बत की आहूति चढ़ाएंगे ?

ज़िद और ज़मीर की कमी न तुझमें है, न मुझमें है
पर मोहब्बत से बढ़कर न ज़िद है, न ज़मीर
आशिक़-माशूक़ा की निगाहों से देखें
तो न कोई ग़रीब है, न अमीर

प्यार हमने किया है, मिलाप भी हम करेंगे
कमियों को नज़रअंदाज़ कर ख़ूबियों से अपना जहाँ भरेंगे
तेरा पता नहीं, पर तुझ बिन मैं जी नहीं सकता
जानबूझकर ज़हर पी नही सकता

बहुत से सपने देखे हैं भविष्य के
उनको साकार करना है
मुझे तो तेरी बाँहों में जीना है
तेरी बाँहों मे ही मरना है॥

15

तू जब जाती है, साथ अपने मेरी नींद ले जाती है
जैसे बहार के रुख़सत होने पर ख़िज़ां सी छा जाती है
अंधेरी रातें, बोझिल पल, दिल पर छाई उदासी
बे-क़रारी के आलम में घुलती हर साँस प्यासी
लरज़ती बाँहें, तरसती आँखें, सर्द आँहो का असर
हर करवट पर एक कसक, जैसे तेरी महक से भरा हो बिस्तर
वो प्यास, वो हूक जिससे निजात नहीं
सवेरे के इंतज़ार में, कटती निशात नहीं

ये मोहब्बत अजीब बला है ,पर हो गयी है हमको
उल्फ़त की यही सज़ा है तो मंज़ूर है हमको
तेरे इश्क़ में ये भी कर जाएँगे
आँखों-आँखों में हम सारी रात बिताएँगे ।।

16

हर मनमोहक पल जो साथ हमनें बिताया है
हमारी मोहब्बत का वो सरमाया है
सिर्फ़ तन-मन के मिलन की कहानी नहीं है
सिर्फ़ एक दिन या एक रात सुहानी नहीं है

ये नींव है उस सुंदर भविष्य की
जिसका कोई सानी नहीं है।
जहाँ ख़्वाब हक़ीक़त में ढलते हैं
और उम्मीदें कभी मुरझानी नही हैं

दो जवांदिल जब इश्क करते हैं
एक होकर सपने देखते हैं, और उन्हें हक़ीक़त बनाते हैं
पर दो वृद्ध दिल जब प्यार करते हैं
तो यथार्थ देखते हैं, और उसमे सपनों से भी लुभावने रंग भरते हैं

न मैं कामदेव हूँ, न तू मेरी रती
न मैं शिव हूँ, न तू मेरी सती
पर प्रेम और प्रणय में
हम किसी से कम नहीं

दोनों ने अपने हृदय में खाई है क़सम
सुख हो या दुःख, साथ रहेंगे हम
कि एक दूजे की बाँहों में ही
अब निकलेगा दम।।

17

ख़ून -ए-दिल से उनका दुपट्टा रंग दिया मैंने
वो आँखें तरेर कर बोले, कुछ और... कुछ और...

राह-ए-इश्क़ में चलकर लहुलुहान पाँव थम गए
वो इतराकर बोले, रास्ते रंगे नहीं कुछ और...कुछ और...

जतन कर-कर के आसमान से एक तारा तोड़ लाया मैं
वो नाज़-ओ-अंदाज़ से बोले, कुछ और...कुछ और...

स्याह रात में उल्फ़त का एक दीया जलाया मैंने
वो शरमा कर बोले, रौशनी कम है कुछ और... कुछ और...

डरता हूँ उनके सामने तिल-तिल न मर जाऊँ मैं
वो बदगुमानी से कहेंगे, कुछ और...कुछ और...।।

18

एक दिन का फ़ासला दरमियान है मगर
लगता है मुद्दतों के बाद मुलाक़ात होगी
ये रात और बाद का दिन इंतजार की क़यामत बरपा रहा है
उसके बाद ही लगता है, मेरी बाँहों में मेरी कायनात होगी

वक़्त बेरहम है कटता नहीं
हरजाई आँखों से तेरा चेहरा हटता नहीं
मौसम का सितम है कि घटता नहीं
ज़ेहन पर छाया अंधेरा छंटता नहीं

लफ़्ज़ हलक़ में ही क़ैद रह जाते हैं
स्वर निकलेंगे जब तुझसे फिर बात होगी
हालात का सितम सब्र की हदें याद दिला रहा है
कल तेरे नज़र-ए-करम से ही लज़्ज़त-ए-हयात होगी।।

19

हसीन वादियाँ, मस्त हवा के झोंके
तू इठलाती हुई, कैसे कोई तुझे रोके
अलग-अलग रंगों के फूल, समा रंगीन करते हुए
तेरे सुर्ख़ रुख़्सार रुखसार और तबस्सुम मुझे तल्लीन करते हुए

एक नज़ारा ख़्वाब से भी प्यारा
एक नदिया का किनारा
तसव्वुर से भी न्यारा
हरियाली सारी चिंताएँ हरती हुई

बदरिया तेरे सजदे में ठहरती हुई
मानों मुक़ाबला हो रहा हो प्रकृति और हुस्न का
राधा का बल खाना, बाँसुरी बजाना कृष्ण का
मंद-मंद बूंदें अलौकिक लय-ताल छेड़ती हुई

पेड़ों की टहनियाँ पत्तियों की दुशाला ओढ़ती हुई
वातावरण के उन्माद मे खोए दो प्रेमी
एक मैं एक तुम
एक दूजे की बाँहों में निश्चिंत समाए दो प्रेमी, एक मैं एक तुम।।

20

जवाँ न सही जवांदिल ज़रूर हैं हम
अपनी कारस्तानियों पर मग़रूर हैं हम
तुम शोख़ियों का, सादगी का, भरा पैमाना हो
जिसे पीकर होश खो बैठे हैं, और नशे में चूर हैं हम

कई बार अरमान जगते तो हैं
पर करवट ले लेते हैं हम
पर ख़्वाहिशें अधूरी न रहें
इस चलन के दस्तूर हैं हम

वफ़ा की राह में तुम्हारा हाथ थामे चलेंगे, क़यामत तक
कोई गुनाहगार कहे, कहता रहे
ख़ुदा कहेगा आशिक़ हैं
इसलिए मजबूर हैं हम

ज़माने का क्या है
बदनामी करेगा, तोहमतें लगाएगा
हम इस बात से ख़ुश होंगे
कि कितने मशहूर हैं हम

जिस्म, जान, रूह, सब तो तुम में समा गए
इंतिहा यह है, कि तुम्हारे चेहरे से झलकता हुआ नूर हैं हम
मोहब्बत, चाहत, प्यार, इश्क़ से ताजपोशी हुई तुम्हारी
उस ताज में जड़ा हुआ नायाब कोहिनूर हैं हम।।

21

ख़ता हुई है मुझसे, क़ुसूरवार हूँ, सज़ा मुक़र्रर कर दो
आशिक़ हूँ तुम्हारा, चाहो तो चाक मेरा दिल-ओ-जिगर कर दो
पर सर झुका कर इल्तजा है ख़ुदाया माफ़ कर दो
तुम्हारी तबस्सुम का मोहताज हूँ वरना जान जाएगी
तुम मेहरबान न हुई तो मेरी अर्थी शमशान जाएगी

मोहब्बत इतनी करता हूँ
कि नाफ़रमानी दरबदर कर दो
इतनी सी इल्तजा है ख़ुदाया माफ़ कर दो
कैसे भूल सकता हूँ तुम्हारा दौड़े चले आना
अपनी मोहब्बत से हर उलझन को मेरी दूर भगाना

प्रीतरस से भरे निवाले बनाना और खिलाना
मेरी आग़ोश में आकर मुझे बेसुध सा सुलाना
अपने व्यक्तित्व से घर में रौशनी ही रौशनी फैलाना
अपने जिस्म से मेरे जिस्म की भड़कती आँच बुझाना
ये मोहब्बत भी है, चाहत भी है, और एक प्रेयसी की ममता है

ये वो रूहानी रिश्ता है जो सिर्फ़ बहता है, न थमता है
और मैं नाशुक्रा इतना कि तारीफ़ तक न की
न दाद दी, न तवज्जो, न क़दमबोसी की
पश्चाताप और ग्लानी में डूब रहा हूँ मैं
तुम्हारी एक मेहरबान नज़र ढूँढ रहा हूँ मैं
हाथ जोड़े तुम्हारी माफ़ी का इंतज़ार कर रहा हूँ मैं
अपने ओछेपन को बार-बार धिक्कार रहा हूँ मै
जो कह दिया अनजाने में

उसका बोझ दिल पे है भारी
सच मानो, हर लम्हा ख़ुद को लांछित कर रहा हूँ मैं
तुम्हारे दर्द को समझने में शायद देर हो गई
अब हर पल उसी ग़लती से
लहूलुहान कर रहा हूँ मैं
बस लौट आओ, अपनी ख़ामोशी तोड़कर
तुम्हारे क़दमों में अपनी झुकी नज़र रख रहा हूँ मैं।।

22

मोहब्बत ऐसी बला है, ख़फ़ा भी होने नहीं देती
ज़ेहन कितने भी शिकवे करे, वफ़ा कम होने नहीं देती
तेरे कूचे में आया था बे-आबरू होने के लिए
रोश नज़रों में भरकर ग़ुबार कहने के लिए

दरवाज़ा खोलकर मुझे देख तू इस अदा से मुस्काई
ग़ुबार ग़ायब हुआ नज़रों में प्यार की फ़िज़ा छाई
जानता हूँ तेरी कसौटी पर खरा कभी न उतरूँगा
तू अपना भले ही ले पर दिल मे तेरे अदना ही रहूँगा

तू हसीन है तुझे कायल क़द्रदानों की कमी क्या है?
तेरी हसरतें पूरी करने वालों से कायनात भरी है, हमी क्या हैं?
गर जुदा भी हुई तो याद रखना तेरे इर्दगिर्द सारी रंगीनियाँ दिलकश तराना था
इस दुनिया मे तुझपर जान छिड़कने वाला एक मुझसा दीवाना था

मेरी ख़ुद्दारी एक सीमा के परे मुझे झुकने नहीं देगी
और मोहब्बत तुझको दिल से मेरे कभी हटने नहीं देगी
फ़ासला रखना चाहती है तो ऐसा ही होगा
शायर हूँ तन्हा जी सकता हूँ, ज़िंदगी का मौज़ू जैसा भी होगा।।

23

अचरज है कि ज़िंदगी चल रही है
अपनी लय मे अपनी ताल में
अपने दिलबर के बिना भी
ऐसी बेबसी मे ख़स्ता हाल में

धड़कनें अपने धड़कने का सबब पूछती हैं
साँसें अपने उतार चढ़ाव रवानियाँ बूझती हैं
बस एक आस ही है जो उत्साह में हाथ मल रही है
अचरज है कि ज़िंदगी चल रही है

कल्पना बेलगाम दौड़ रही है
रात हारकर नींद के आगे हाथ जोड़ रही है
वह उम्मीद ही है जो बे-साख़्ता ज़ेहन में पल रही है
अचरज है कि ज़िंदगी चल रही है

जानता हूँ मिलन होना है हो कर रहेगा
बहते लम्हों में से वह लम्हा यादों की धरोहर रचेगा
फ़िलहाल तो उदासी इर्द-गिर्द टहल रही है
अचरज है कि ज़िंदगी चल रही है ।।

24

मेरी मनमीत क्या है?
मनमीत जो ठंड की गुनगुनी धूप की तरह जगाए
मनमीत जो अरमान संजोए अरमान सुलगाए
मनमीत जो सखी बन शरारत करे
मनमीत जो ममता का आँचल धरे
मनमीत जो ज्ञान समेटे ज्ञान लुटाए
मनमीत जो मुझसे लड़े और मेरे लिए लड़ जाए
मनमीत जो चारागर बन रोग मिटा दे
मनमीत जो लाज शरम की दीवार हटा दे
मनमीत जो सारे ग़म सारी परेशानियाँ हर ले
मनमीत जो मेरी पीड़ा देख आँसू भर ले
मनमीत जो प्रीत के निवाले खिलाए
मनमीत जो साक़ी की तरह जाम पिलाए
मनमीत जो शिशु कि भाँति ज़िद करे
मनमीत जो बालिका कि भाँति गोद में सिर धरे
मनमीत जो अपनी रुची को मेरी रुची से मिलाए
मनमीत जो अपने मन की हर बात अपनेपन से बताए
मनमीत जिसे बाँहों मे लेकर जन्नत को पाता हूँ
मनमीत जिसे चूमकर आब-ए-ज़मज़म पी जाता हूँ
मनमीत जब मेरी आग़ोश में गले में बाँहें डाल कर सोती है
मेरी नींद ज़िंदगी में कभी इससे मीठी नहीं होती है
मनमीत मेरे लिए ईश्वर का वरदान है
मनमीत मेरी आत्मा और प्राण है।।

25

कहने को छोटी सी गुड़िया हो
प्यारी सी जादू की पुड़िया हो
पर ताक़त जो मुझे अदा करती हो ग़ज़ब की है
हिम्मत जो मुझमें भरती हो अजब सी है

नाशादगी के अंधेरों में शमा बन जाती हो
मायूसी की भूलभुलैया में रहनुमा बन जाती हो
तुम्हारे रहते वक़्त के थपेड़े छू भी नहीं सकते मुझको
डगमगाती कश्ती की नाख़ुदा बन जाती हो

नींद न हो तो तुम्हारी आग़ोश सुलाती है
तुम्हारी निश्छल हंसी हर ग़म भुलाती है
कामायनी बन काम पिपासा बुझाती हो
मीत बन अठखेलियाँ कर जाती हो

मेरे जीवन की आधारशिला बन गई हो तुम
मेरे सारे सुकर्मों का सिला बन गई हो तुम
हर ख़ुशी, हर हँसी का सबब हो तुम
मेरे अधूरे ख़्वाबों की वजह हो तुम।।

26

चुनौती है, चुनौतियों से, मेरा दिल कब घबराया है
अकेला नहीं, मेरे साथ तुम्हारा पुरज़ोर साया है
इंसाँ हूँ, परेशान भी होता हूँ
कभी ग़मज़दा भी कभी उदास भी होता हूँ

हर बार तुम्हारी मेहरबान नज़रों को इर्द-गिर्द पाया है
जैसे ख़ुदा ने मुझे अपना करम फ़रमाया है।
तुम्हारे जिस्म की तपिश ने हर दर्द भुलाया है
हर आहट में तुम्हारा ही सुकून समाया है

जीत होगी, कितनी होगी, कब होगी, परवाह नहीं मुझको
जंग है, जंग में, एक ही मक़सद , दुश्मन को खदेड़ना है हमको
तुम्हारा हाथ, हाथ में है, तो अभी से, जीत का परचम लहराया है
तुम्हारी हौसला अफ़ज़ाई ने ही यह जज़्बा जगाया है

जब धूल हटेगी, तब हमारी दुनिया नई होगी
काँटे हटेंगे राह से, फूलों की गली होगी
और होगा वह स्वप्न महल, जिसे ख़्वाबों से सजाया है
मन मंदिर भर आया है ॥

27

कभी सोचता हूँ दुनिया में मेरा कौन है?
एक लौट-फिर कर तुम्हारा ही नाम आता है
रंगीनियाँ बहुत हैं दुनिया में
पर तुम बिन कुछ नहीं भाता है

तुम वह चोर हो जिससे बेइंतहा प्यार करता हूँ
तुम्हारे चोर होने का सबूत बयाँ करता हूँ
तुम आँखों से नींद चुरा लेती हो
ज़बान से स्वाद चुरा लेती हो

मन से सुकून चुरा लेती हो
दिल-ए-नाशाद चुरा लेती हो
तन की तरंग चुरा लेती हो
चंचल उमंग चुरा लेती हो

मैकशी का शौक़ चुरा लेती हो
क़लम की नोक चुरा लेती हो
तरन्नुम के सुर चुरा लेती हो
संवाद करने के गुर चुरा लेती हो

चोर हो पर उसूल हैं तुम्हारे
ज़िंदा हूँ तुम्हारे उन उसूलों के सहारे
मिलते ही सारा चुराया माल ब्याज सहित लौटाती हो
मेरे जीवन की इस बगिया को फूलों से महकाती हो।।

28

ये बेकली ये ख़ालीपन , बेचैन निगाहें उदास मन
पिछले मिलन की यादें, जी को बहलाती हुईं
दिल की वो सारी मुरादें, क़हर ढ़ाती हुईं
मुँह खोलूँ तो, बस आह निकल जाती है
जिस तरफ भी देखूँ, तुम्हारी तस्वीर नज़र आती है

ये शरीर का ही नहीं, आत्मा का रिश्ता है
ये सिर्फ़ जज़्बातों के भाव, ही बिकता है
दर्द तुम्हें होता है, चीख़ मेरी निकलती है
कराहती तुम हो, रूह मेरी पिघलती है
तुम्हारे क़रार से ही, सुकून की साँसे चलती हैं

मसरूफ़ भी हो
एक हुजूम से घिरी भी हो
तमाम मक़सदों से, कभी घूमी हो कभी फिरी भी हो
ज़िम्मेदारियों से शिकन तक, नहीं आने दी चेहरे पर
मानों एक जांबाज़ योद्धा, डटा हो पहरे पर

पर दरख़्वास्त इतनी है
के सब के बीच अपना ख़्याल रखना
तुम बेशक़ीमती हो मेरे लिए, नायाब हो, इस बात का इल्म न ढकना
जब थक कर साँस लो, तो अपनेआशिक़ को याद कर लेना
जिसकी धड़कनों मे बसी हो तुम, स्मृतिपटल पर उसके चुंबन का स्वाद भर लेना।।

29

बादल घिर आते हैं, बिजली कौंध जाती है
रात की कालिमा, दिन को रौंद जाती है
हर लम्हा उदास-उदास, हर चीज़ बेमानी
हर शै बदगुमान, लकीरों भरी पेशानी
हर आहट दिल में, ख़ौफ़ जगाती हुई
दिल की ख़लिश, अरमानों को दबाती हुई
रौशनी कहीं बैठी है, छुपी हुई सहमी हुई
मस्ती की नदिया विवशता से, रुकी हुई थमी हुई
चारों ओर शोर है, पर दिल में सन्नाटा
विचारों मे शीतलता, पर जज़्बातों में ज्वारभाटा

सारा माजरा बदल जाता है, जब तू मुस्कुराती है
बादलों से छनकर, आशा की किरण निकल आती है
फूल खिलने लगते हैं, बयार बहने लगती है
प्रेमगीत कानों में, कोयल कहने लगती है
हरियाली बाँहे पसारे, न्यौता देती है
मोहब्बत की तरंगें, हृदय की हर पीड़ा हर लेती
जीवित हो चारों ओर, ख़ुशी का सावन लहराता है
ख़ुशनुमा अहसास, तन-बदन को सहलाता है
तू माशूक़ा है मेरी, तेरी हर भावना में मैं भी बहता हूँ
तू मुझे सबसे प्यारी है,क़सम खा के कहता हूँ।।

30

शिकवे भी होते हैं, गिले भी होते हैं
शिकायतें कभी, कभी नाराज़गी के क़ाफ़िले भी होते हैं
पर गंगा में कितना भी उफान आए, जमुना से मिल शिथिल होती है
मोहब्बत इतनी गहरी है, कि यार की हर ख़ता मुआफ़ी के क़ाबिल होती है

कभी रूठना कभी मनाना
कभी मनाने पर मान जाना
कभी आँसू भरना, कभी आँसू पोंछना
बुरा सोचते-सोचते अच्छा सोचना

फिर सुलह और साँसे चैन की
उसके बाद की चमक नैन की
सब कुछ इश्क़ के दायरे में होता है
तब तक कौन कमबख़्त सोता है

एतराज़ मर्यादा में हो तो प्यार की अदा है
उससे बाहर हो तो एक सज़ा है
जैसे-जैसे प्रीत का रंग सराबोर करता जाता है
वैसे वैसे मनमुटाव का सबब कम होता जाता है

सुलह के बाद की चाहत के तूफ़ान से घिरा हुआ हूँ मैं
तुम्हारे ख़्यालों में ख़ुद से ही बिछड़ा हुआ हूँ मैं
तुम्हारे पास आने की कसक हर पल सताती है
दिल की हर धड़कन तुम्हारा नाम ही गुनगुनाती है
तुम्हें याद कर-कर के सिरफिरा हुआ हूँ मैं
जैसे तुम्हारे बिना अधूरा हुआ हूँ मैं
हर लम्हा तेरी बाहों की गर्मी तलाशता है
तेरा प्यार मेरी रगों में बहता एहसास सा है।।

31

तेरे पास होने और दूर होने से मौसम बदल जाता है
तू साथ हो तो बहार, दूर हो तो पतझड़ आ जाता है
साथ में जब तू, तो हंसी के फव्वारे
हर इक बोल लगे गाने प्यारे-प्यारे

हाथों में जाम, रंगीन होती शाम
कामुक होते हुए अंगारे से तन, मन में मचलती हुई काम
दो मनमीत, प्यार का समा बनाते हुए
दो प्रेमी, एक दुसरे में समाते हुए

सतरंगी ज़ायक़े , मोहब्बत के निवाले
ज़बान रसवंती, हर बोल शहद सी निकलेआग़ोश में हमसफ़र, शाम-ओ-सहर
साथ तेरा, करता वो असर

दीर्घनिद्रा के सुखद हिचकोले
सुनहरी ख़्वाबों के राज़ खोले
जिनमे खोए दो प्रेमी, एक दुसरे की बातों को तोलें
बातों का क्या, वो तो बस ख़्वाब ही बोलें

और फिर जुदाई का, वाक़िफ़ सा अफ़साना
जन्नत की सैर कर, धरातल पर लौट आना
वीरान सा चमन, निढ़ाल सा बदन
न कोई उमंग, न कोई तरंग

हर सिम्त ख़ामोशी
चिंता की सरगोशी
विचलित सा मन
उदास सा चितवन

नींद और चैन, रूठे हुए
सरगम के घुंघरू टूटे हुए
बस यादों का सहारा
दिल में बसा वो अहसास प्यारा

अगले मिलन के सपने बुनना
फिर से उन ख़्वाबों में साथ उसका पाना
मुंदी आँखों में दिलबर को पाना
यही इक अरमान उस एकाकी में संजोना।।

32

अपनों में घिरा रहकर भी, अकेला होता हूँ
बिके हुए सामान के बाद का, ख़ाली ठेला होता हूँ
कहने को दोस्त, ख़ैरख़्वाह, नातेदार सभी हैं
पर मेरे लिए ये हुजूम बन कर रह जाते हैं

नज़रें ढूँढती हैं तुम्हें
दिल आवाज़ लगाता है
पर तुम नहीं यहाँ पर, ये मालूम है
इसी से ख़ुशी के मौक़े पर भी नैन भर आते हैं

कुछ ख़ुद की कुछ दुनिया की बातें होती हैं
कुछ गुदगुदाती हैं, कुछ इधर-उधर ज़हर बोती हैं
कुछ रिश्ता बनावटी कुछ गहरा होता है
पर पूरे समय मन मस्तिष्क में तुम्हारा चेहरा होता है

सब के जाने के बाद घर सूना होता है
पर सुनापन ही तो अब मेरा सखा है
जो पल-पल ये याद दिलाता है
कि तुमसे जुदाई का एहसास अब दूना होता है।।

33

जब तुमख़फ़ा होती हो ज़िंदगी बेनूर हो जाती है
ख़ुशियों की सुराही गिरकर चकनाचूर हो जाती है
ख़तावार हूँ रह-रहकर ख़ता करता हूँ
अहसास होने के बाद तिल-तिल कर मरता हूँ

माफ़ी से ज़्यादा पुरज़ोर शब्द होता तो माँग लेता
नहीं है इसलिए इसी का इस्तेमाल बार-बार करता हूँ
तुम्हारी आवाज़ भर्राती है और मेरा दिल भर आता है
अज्ञात विडंबनाओं से जी घबराता है

आँखों के आँसू तो क़हर ही ढा देते हैं
चैन-ओ-सुकून को इक पल में बहा देते हैं
इस स्याह से माहौल में जब तुम मान जाती हो
गुलशन महक उठता है फ़िज़ाओं में फूल खिलाती हो

चाँद भी बदली से निकलकर मुस्कराता है
सूरज का तेज़ बढ़कर कायनात को चमकाता है
चिड़िया अपना काम छोड़ चहचहाती हैं
हवाएँ अपना रस्ता भूल इर्द-गिर्द मंडराती हैं

ज़िंदगी एक बार फिर जीने लायक़ होती है
जब फिर से दिल तुम्हें पास पाता है
चिंता लिहाफ़ से मुँह ढ़क कर सोती है
जब फिर से तुम्हारी मुस्कराहट मुझे आग़ोश में लेती है।।

34

कुछ ख़ूबसूरत यादें और बनाईं हमने
मोहब्बत की कलियाँ और खिलाईं हमने
वादियाँ थीं, झील थी, टहनियाँ थी, और घास शनील सी
नज़ारे थे, सितारे थे, चाँदनी थी, और एहसास प्यारे थे
शीतल पवन, पुलकित सा मन, मीठी अगन, सुलगते तन
हाथों में जाम, रंगीन सी शाम, झागों भरा हमाम, सिर्फ़ चैन, सिर्फ़ आराम
स्वादों के क़ाफ़िले , संगीत के सिलसिले, कुछ दोस्त भी मिले
फिर धरातल पर हम, हक़ीक़त बेरहम, बिफरी सी तुम, परेशाँ से हम
जुदाई की बेला, लुटा सा मेला, मरा सा सलाम, रूँधा सा कलाम
यादें जो सदा रहेंगी खट्टी, मीठी, चटपटी और अटपटी॥

35

तुम्हारी मोहब्बत ने ही ज़िंदा रखा है
वर्ना हम तो कब के मर गए होते
तुम्हारे दम पर ही सालगिरह मनाते हैं
वर्ना आँसुओं से गागर भर गए होते

तुम्हारा प्यार भरा पैग़ाम सर आँखों पर
फूलों के साथ भेजा हुआ सलाम सर आँखों पर
ख़ुशियों के क़ाफ़िले रुककर ख़ैरमक़दम करते हैं
वर्ना कब के किनारे से गुज़र गए होते

तुम साथ नहीं हो पर तुम्हारा साया मेरे साथ है
पुरज़ोर जज़्बातों की दिलकश सपनों की बात है
एक क़दम बढ़ाता हूँ तो दूसरा ख़ुद-ब-ख़ुद बढ़ जाता है
वर्ना ये पाँव थककर कबके ठहर गए होते

कहने को सालगिरह है मेरी ये भी एक दस्तूर है
रस्म अदा करनी है जबकि यार कोसों दूर है
तुम्हारे स्नेह की शीतलता से रिश्ते निभा पाते हैं
वर्ना हम तो कबके बिफर गए होते।।

36

अपनों के साथ हैं वो, और हम अपनों से दूर हैं
बाज़ू-ए-क़ातिल है, पर क्या करें मजबूर हैं
सुरा यहाँ सुंदरी वहाँ, तन्हाई मार रही है
दिलासाएँ जो दीं दिल को, कमबख़्त हार रही हैं
यादें भी तो बेरहम हैं, रह-रह के आ रही हैं
दबे हुए अंगारों को, और दहका रही हैं
पता है मध्यरात्रि को शुभकामनाएँ मिलेंगी
शायद एक झलक भी मिल जाए, इसी इंतज़ार में रात ढ़लेगी
नया साल कल शुरू होगा एक दुआ के साथ
मेरा दिलबर मेरे साथ रह सके इस प्रार्थना के साथ।।

37

दुनिया की जद्दोजहद से परेशान हो जाता हूँ
तब तेरी मेहरबान निगाहें याद आती हैं
कमज़र्फ़ लोगों की हरकतों पर हैरान हो जाता हूँ
तब तेरी आवाज़ की खनक सुकून दे जाती है
तन्हाई के चीख़ने से जब चैन लुटाता हूँ
तब तेरी चुलबुली हँसी कानों में गूँज जाती है
कामाग्नी से जब अरमानो का उफान पाता हूँ
तब तेरे आग़ोश की हरारत प्यास जगाती है
अच्छे ख़ासे घर को जब शमशान पाता हूँ
तब तेरी अठखेलियाँ जान डाल जाती हैं
आँखें खुली हों तब भी तू, बंद हों तब भी तू
तू ही तसव्वुर मेरा, तू ही मेरी आरज़ू।।

38

खटपट अच्छी है रिश्ते में, कभी खटपट भी होनी चाहिए
पर तमन्ना है इतनी कि, ख़त्म भी झटपट होनी चाहिए
खटपट जब विस्तारित होती है, काफ़ी चीज़ें फट जाती हैं
नज़र के हटते ही देखते-देखते दुर्घटना घट जाती है
तकरार के शिखर पर पहुँचने से पहले, प्यार की वादी में रपट जानी चाहिए
खटपट अच्छी है रिश्ते में, कभी खटपट भी होनी चाहिए
तू सही मैं ग़लत , मैं सही तू ग़लत , का फ़ैसला हो फटाफट
वर्ना लग जाता है, पुराने शिकवे-शिकायतों का जमघट
थोड़ा मैं नीचे घिसटूँ, थोड़ा तू नीचे घिसट
उलझी हुई हो कितनी भी हो, हर लट ऐडजस्ट होनी चाहिए
खटपट अच्छी है रिश्ते में, कभी खटपट भी होनी चाहिए
तू मेरी प्रेमिका, मैं तेरा प्रेमी कोई लंपट नहीं हूँ
माना कि ज़्यादा कलचर्ड, और गिफ़्टेड नहीं हूँ
पर हमारे प्यार की कैमिस्ट्री, हमेशा सटासट होनी चाहिए
खटपट अच्छी है रिश्ते में, कभी खटपट भी होनी चाहिए।।

39

अफरा तफरी की ज़िंदगी से जो भी चुराते हैं, वो पल बेशक़ीमती होते हैं
मोहब्बत के जो मोती चुनते हैं, पिरोते हैं, वो बेशक़ीमती होते हैं
उनको प्यार की धरोहर मान, स्मृतिपटल में तुम भी रखोगी, हम भी रखेंगे

मिलन का सुख, जुदाई का दर्द, भोगते आए हैं, भोगते जाएँगे
इश्क़ है, कोई खेल नहीं, ये सिलसिले चलते आए हैं, चलते जाएँगे
ज़माने के क़ानून हों, या अज़ीज़ों के फ़रमान , न हमें रोक पाए हैं न रोक पाएँगे
हमारा एक दूजे में विलय, हमेशा के लिए, एक दिन, तुम भी देखोगी हम भी देखेंगे

माना, नाराज़गी भी शामिल है, मिलन की शाश्वत सेज में
जैसे श्याम रंग होता है, दुशाला-ए-रंगरेज़ में
धीमे-धीमे उसे धानी कर,
वो दुशाला हम दोनों ओढेंगे
प्रीत के रंग में सब कुछ रंग, रंगीन नज़ारा ,
तुम भी रच दोगी, हम भी रच देंगे।।

40

प्यासे कानों में तेरी आवाज़ रस घोल जाती है
रागिनी की सरगम, वीणा के स्वर सी, आत्मा को टटोल जाती है
आवाज़ के उतार चढ़ाव के साथ मनःस्थिति चढ़ती है या झुक जाती है
आवाज़ में दीर्घविराम होने पर धड़कनें भी रुक जाती हैं

आवाज़ के रूमानी होने पर तमन्नाओं के पर निकल आते हैं
आवाज़ के उदास होने पर चिंताओं के सर उभर जाते हैं
आवाज़ जब खिलखिलाती है सारा समा रौशन हो जाता है
ग़ुस्से से काँपने पर ख़ुशियों का चमन खो जाता है

आवाज़ गर भर्रा जाए आँखें मेरी भी भर आती हैं
गर शरारत से चहक जाए तो रूह तर हो जाती है
आवाज़ थकी सी हो तो मुझमें सरपरस्ती जगाती है
वात्सल्य से ओतप्रोत हो तो चैन की नींद सुलाती है

तेरी आवाज़ , जीवन में रंग भरने वाली तूलिका
सुबह को मनमोहक, रात को आकर्षक, करने वाली तारिका
मेरे सुकून पर इख़्तियार रखने वाली कामायनी
मन को उज्ज्वल करने वाली दामिनी।।

41

हाँ मैं पहले जैसा नहीं रहा
पहले मोहब्बत की नदी में सिर्फ़ ग़ोते लगा रहा था
आज की तरह नदी की लहरों के साथ-साथ नहीं बहा

पहले अरमान उफनता दरिया थे
आज महासागर की लहरों की तरह परिपक्व हैं
पहले इरादे सिर्फ़ फ़ौलाद के थे
आज फ़ौलाद के साथ शामिल जाने कितने तत्व हैं

पहले घनिष्ठ रिश्ता क़ायम हुआ
आज दो दिल साथ-साथ धड़क रहे हैं
पहले आँखों में इंद्रधनुष के सातों रंग थे
आज चार ही सही, पर गाढे-गाढे चमक रहे हैं

पहले एक-दूजे के क्रिया-कलाप में ज़्यादा रूची थी
आज ज़्यादा बे-तकल्लुफ़ हो गए हैं
पहले हमारे इश्क़ से कुछ ही लोग वाक़िफ़ थे
आज बहुतों हमारे इश्क़ से मुत'आरफ़ हैं

दुनिया बदल रही है, वक़्त बदल रहा है,
पर हमारे इश्क़ का पहिया बे-ख़ौफ़ चल रहा है
पहले रफ़्तार तेज़ थी इसकी, आज मंज़िल की तरफ़ उछल रहा है
पहले जैसी ताज़गी न भी हो मुझमे, पर प्यार का भंडार भरपूर है
पहले की तरह सतर्क न भी हूँ, पर मुर्दादिली मुझसे कोसों दूर है

तुमने ठीक ही कहा, मैं पहले जैसा नहीं रहा
पहले प्यार था, अब इबादत बन गयी है
पहले ख़्वाहिश थी, अब आदत हो गयी है
तुमने ठीक ही कहा, मैं पहले जैसा नहीं रहा।।

42

शाम को दिल दहल गया था, पर दो घंटे बाद बहल गया था
आग़ाज़ हुआ त्योरियों, तेवर और घुटन से
अंजाम हुआ प्रीत, प्यार, चैन और सुमन से।

रात मदहोश नहीं थे, पर फिर भी होश खो बैठे थे
सिर्फ़ मोहब्बत के लफ़्ज़ थे
बाक़ी लफ़्ज़ों का शब्दकोश खो बैठे थे।

रात रंगीन से ज़्यादा सुकून से भरी थी
शाम को मुरझाई दिल की शाख़
फिर से हरी थी।

हमेशा की तरह हम दूर रहकर
हम और क़रीब आ गए
एक दूजे की बाँहों और दिलो-दिमाग़ में बेबाकी से समा गए।।

43

मुझसे मोहब्बत करने की वजहें गिनी जा सकती हैं
माना मुझसे नाराज़ होने की वजहें अनगिनत हैं
जानता हूँ, नेकी कम बदी ज़्यादा है मुझमें
नाख़ुश करने की संभावनाएँ भी अनंत हैं
पर इस अमानुष को तुमसे असीम प्रेम है

मधुर भावनाओं का वेग प्रचंड है
माना तुम पाक साफ़ , कमसिन कामायनी हो
तुम्हारे व्यक्तित्व क स्वयं मार्तंड है
चाहे तुम्हारे प्यार में मैं भस्म ही हो जाऊँ
पर मेरा इरादा भी अत्यंत अखंड है।।

44

ज़िंदगी तो तभी जीते हैं जब तुम्हारे साथ होते हैं
बाक़ी समय तो ज़िंदगी गुज़ारते हैं हम
तुम्हें बाँहों मे लेकर रह-रहकर ख़्याल आता है
कहाँ गईं सारी परेशानियाँ? कहाँ भागा ग़म?
क़ातिल होती हैं वो निगाहें जो कहती हैं
Darling come hither
ज़ालिम होती हैं वो अदाएँ जो कहती हैं
Let's savor this together
उन शोख़ियों का क्या कहना जो कहती हैं
Yes, touch me here
और वो लड़कपन पे सदक़े जाऊँ जो कहता है
Don't part, stay near
पर अपनी बेमानी सी दुनिया में वापस आता हूँ
नीरस से माहौल में फिर धंस जाता हूँ
दिल की आवाज़ तक नहीं आती
हर बार उसे तुम्हारे पास छोड़ आता हूँ।

45

दिल बहलाने के साधन बहुत हैं लेकिन
क्या करूँ? दिल तो तुझसे ही लगा है
काली वीरान सी ज़िंदगी में
मोहब्बत का देखो धूमकेतु जगा है

किसी चीज़ में मन लगता नहीं है
तुझमें रमा रहता है मन, बड़ा मनचला है
अकेला महसूस करूँ ख़ुद को क्योंकर?
मेरे साथ तेरी यादों का क़ाफ़िला है

काला और सफ़ेद रंग नज़रें पहचानती नहीं
इंद्र धनुष ऐसा आँखों पर चढ़ा है
ख़्यालों पर अपने कैसे अंकुश लगाऊँ?
हर ख़्याल बेलगाम घोड़े की तरह बढ़ा है

सुकून तो पाऊँगा जब तू बाँहों में होगी
तब तक तो यह पंछी बेबस परकटा है
केंद्रित करूँ कैसे किसी भी शै पर?
ध्यान तो तुझपर और तेरे आसपास ही बंटा है।।

46

तुमसे मिलने से पहले कोशिश कर, कविता लिखता था
कोई ख़ूबसूरती नहीं, बस, लफ़्ज़ों का बेहूदा जमावड़ा दिखता था

तुम्हारे आने के बाद, लफ़्ज़ों में मानो जान आ गई
थिरक कर अपनी जगह ले लेते हैं, मानो हमारे प्रीत के गीत पर तान आ गई

मालूम होता है मेरे लफ़्ज़ तुम्हारे मोहताज हो गए हैं
हमारी मोहब्बत के, जज़्बातों के, हमराज़ हो गए हैं

और क्यों न हों? तुममें वो सबकुछ है, लफ़्ज़ जिसके मुरीद होते हैं
हुस्न, अदा, शोख़ी , लड़कपन,शरारत, सुंदर सा मन
नज़ाकत , बुद्धिमानी, नेक दिली, मचलता छलकता सा यौवन
हम पास हों, या दूर हों, लफ़्ज़ हमारे चश्मदीद होते हैं

कई बार मेरी लिखी कविता, मुझे ही हैरान कर देती है
मुझसे बेहतर मेरे दिल की हालत, तुम्हें बयान कर देती है
लेकिन मेरा सारा फ़न , सारी भावनाएँ, सारी कविताएँ
बेमानी हैं, बकवास हैं, जब तक तुम्हारी दाद ना पा जाएँ।।

47

आजकल की दूषित दुनिया में हर चीज़ में मिलावट है
रिश्तों में खटास है, नातों में कड़वाहट है
भलमनसाहत और ईमान की क़ीमत घटती दिखती है
सच्चाई और प्रमाणिकता कौड़ियों में बिकती दिखती है
ऐसे परिवेश में इस बात पर गर्व हम करते हैं
हमारी मोहब्बत श्वेत पावन है, इतराकर दम भरते हैं
जज़्बातों की बात करें तो, जज़्बातों के तूफ़ान आते हैं
प्रणय निवेदन की आवश्यकता नहीं, अरमानों में उफान आते हैं
प्रेम वात्सल्य भी है संबंध में, अत्यंत मधुर और कोमल
ऐसी ताज़गी व्यवहार में, जैसे फूलों की कोंपल
आपसी सामंजस्य की मिसाल दी जा सकती है
और विश्वास की नींव अटल है, आत्मीयता की ज्वाला भभकती है
ये समा यूँ ही बना रहे ईश्वर से प्रार्थना करते हैं
प्रेम की देवी की कृपा रहे ये अर्चना करते हैं।।

48

आने वाले कल को, मिलन की आस है
पर उसके लिए, आज को जाना होगा
कल तेरा हुस्न, मेरे इश्क़ से टकराएगा
वो एहसास, ज़हन मे छप जाएगा
पिघलती हुई शमा होगी
जलता हुआ परवाना होगा

कल के सपने बुनता हूँ
बीतते हुए लम्हे गिनता हूँ
यादों से, सुलगते वाक्ये चुनता हूँ
न कुछ देखता हूँ, न सुनता हूँ
कल लैला अपने नाज़-ओ-अंदाज़ में इतराएगी
उस पर दिलोजान लुटाता, उसका दीवाना होगा

कल क़रार मिलेगा, इस उम्मीद में बेचैन हूँ मैं
सुबह का इंतज़ार करती हुई, बोझिल रैन हूँ मैं
मोरनी के नैन की एक बूंद को तरसता, मोर हूँ मैं
वर्षा को तरसती, घटा घनघोर हूँ मैं
संगम होगा, गुल खिलेंगे, आबाद, दिल का वीराना होगा
हमारे और फ़सानों से अलहदा, कल का अफ़साना होगा।।

49

तसव्वुर में जो क्रियाकलाप देखते रहे, उन्हें अमल में लाने को बेक़रार हैं
अपने पास समेट कर रखे हैं कुछ ख़ूबसूरत पल,
उन्हें तुम्हारे साथ बिताने को बेक़रार हैं
बड़ी सादा और नीरस सी चल रही है ज़िंदगी , थोड़ी हलचल मचाने को बेक़रार हैं
बहुत सारे बोझ लाद रखे हैं तुम पर भी दुनिया ने, तुम्हें दुनिया भुलाने को बेक़रार हैं
नशीली शाम होगी सतरंगी रात आएगी, रंगीनियों में अपना रंग जमाने को बेक़रार हैं
बेमुरव्वत ज़माने में चैन कहाँ? सुकून कहाँ?
तुझे आग़ोश में ले, तेरे आँचल में मुँह छुपाने को बेक़रार हैं
वक़्त हरजाई है रुकेगा नहीं,
हासिल वक़्त को दुल्हन की तरह सजाने को बेक़रार हैं।।

50

चाँद तो एक है सारे जहाँ के लिए, और चांदनी सबके लिए सुखदाई है
पार जाने क्यूँ ये बात आजतक समझ में नहीं आई है
क्या स्थान और समय के साथ चाँद बदल जाता है?
क्या अलग-अलग स्वरूप ले लेता है? क्या भावनाओं से इसका नाता है
बचपन में दादी चाँद की कहानियाँ सुनाती थी,
कभी मुझे ही चंदा, और कभी उसे मेरा मामा बनाती थी
मैं बालकनी में जाकर चाँद को देखता था, एकटक,
और सोचता क्या यही दादी वाला चाँद है?
तो फिर क्यों इतना निर्जीव निष्क्रिय और निष्प्राण है?
दादी के जाने के बाद माँ छत पर ले जाती थी,
और चाँद में, सूत कातती दादी दिखाती थी
गर्मी में छत पर, गद्दे पर पसरे हुए, मच्छरों की बीन सुनते हुए, हाथ के पंखे से पसीना
सुखाते हुए, अलीगढ़ का चाँद अलग था
जंगल में सितारों की थाली के बीच से झाँकता , बादलों से लुकाछिपी खेलता,
अपनी चांदनी से पेड़-पौधों को चमकाता, ताडोबा का चाँद अलग था
फिर पढ़ा चाँदनी रात को पागल, ज़्यादा पागल हो जाते हैं,
इसीलिए पागलखाने में पहरा बढ़ाते हैं, जो दीवाने को और दीवाना बना दे,
वो चाँद अलग था
चाँद पर इंसान ने क़दम रखा, सारा जग झूम उठा,
बहुतों के दिल टूटे, बहुतों का भ्रम टूटा,
अपोलो 11 जिसपर उतरा था वो चाँद अलग था
शायरी पढ़ी , कविताएँ पढ़ी, सुंदर स्त्री को दी गई उपमाएँ पढ़ी,
वहाँ जो चाँद नज़र आया वो अलग था
मुंबई की ख़ुशग्वार रात थी, मेरी प्रियतमा मेरे साथ थी, बिल्डिंगों के अनगिनत
प्रकाश बिंदुओं के उपर वो नज़र आया, चाँद , पूरा चाँद ...
प्रियतमा को आग़ोश में लेकर उसे निहारा,

सर्वव्यापी चांदनी में हम भी नहा रहे थे,
चाँद को चाँद ही के गीत सुना रहे थे
और अचानक एक अलौकिक सा चमत्कार हुआ,
अब तक के सारे चाँद इस चाँद में समा गए
यकायक सबसे हसीन और दिलकश चाँद से साक्षात्कार हुआ।।

51

तुम्हारे आने से घर गुलशन बन जाता है
तुम्हारे जाने के बाद वीराना
तुम्हारे साथ मिलकर जो गुल खिलाता हूँ
बन जाते हैं अफ़साना
तुम्हारे साथ यादों के मेले लगते हैं
तुम्हारे बिना मेले भी झमेले लगते हैं
तुम दिलबर दिलरुबा से ऊपर अंकशायिनी
बन जाती हो
मृगनयनी, गजगामिनी से ऊपर कामायनी
बन जाती हो
आनंदमय क्षण प्रफुल्लित मन का आपस में
विलय हो जाता है
सारा समा महक उठता है, घर, घर न रहकर
देवालय बन जाता है

तुम्हारे जाने के बाद, आँखें निस्तेज, हर सिम्त
उदासी छाई है
तेरी यादें, तेरी बातें, वो दिलकश दिन, हसीं रातें
चारों ओर बस तेरी परछाई है।।

52

सवेरे की लालिमा सारे शहर को जगाती है, जगाती रहे
सूरज की सुनहरी किरणें उजाला फैलाती हैं, फैलाती रहें
साफ़ नीला आसमान आशा का प्रतीक बन जाता है, बनता रहे
दोपहर की गर्माहट से उर्जा का संचार हो जाता है, होता रहे
संध्या की मद्धम रौशनी रात को पुकारती है, पुकारती रहे
रात की चांदनी सितारों को निहारती है, निहारती रहे
सबकुछ प्रपंच है, सब कुछ बेमतलब, सब कुछ बेकार है
अगर वो नहीं मेरे साथ, जिसे आँखें ढूँढती हैं, जिससे मुझको प्यार है
दूर करो सारे नज़ारे , समेट लो सारा सौंदर्य, हटा लो सारी छटाएँ
तब ले कर आना, करीने से सजाना, जब मेरी महबूबा, मेरे पास आए।।

53

मन एक अज्ञात भय से भरा है
उत्साह का स्तर भी कुछ गिरा है
चारों ओर अनिश्चितता का कोहरा है
सूरज है पर उस पर बादलों का पहरा है
हवाएँ सहम-सहम कर बह रही हैं
परछाइयाँ अपनी व्यथा कह रही हैं
पकवान हैं पर स्वाद नहीं है
क़दम भी हैं पर आज़ाद नहीं हैं
करवटों पर भी पाबंदी है
सारी चादर, सारी काया, गंदी है
ऐसे माहौल में एक ही प्रकाशबिंदु है
स्वर्णिम संचार का एक ही केंद्रबिंदु है
दिमाग़ जिसको याद कर राहत पाता है
बेरुख़ी से भरा हृदय चाहत पाता है
निस्तेज नयनों में भी चमक आ जाती है
काली घटाओं के बीच बिजली कौंध जाती है
बंजर ज़मीन पर पड़ती पहली फुहार की तरह
सोंधी मिट्टी से आती ख़ुशबू ख़ुशगवार की तरह
मेरे साथ घटित, रोचक, रोमांचक, अविस्मरणीय, घटना
मेरी नूर-ए-नज़र, हमनवा दिलबर, हमराह, हमसफ़र , रचना।।

54

मैं तुझसे मोहब्बत करता हूँ, तू मेरी चाहत में मरती है
इसमें क्या नया है?
हम बुरे अतीत को भुलाते हैं, भविष्य के सपने सजाते हैं
क्या पहले यह न हुआ है?
तू प्रेम संदेशे भेजती है, मैं प्रेम कविता लिखता हूँ
क्या ये अंदाज़ औरों से जुदा है?
मैं तेरे हुस्न का रसपान करता हूँ,
तू मेरी मर्दानगी से प्यास मिटाती है, क्या यह अजूबा है?
हम लाखों युगल जोड़ों की तरह, साथ हंसते हैं विचरते हैं
क्या ये दीवानगी भरा माजरा है?
ख़ास को आम बनाने वाले सैंकड़ों सवाल होते हैं
उसी तरह इश्क़ को बंदगी तक पहुँचाने वाले सैंकड़ों जवाब होते हैं
प्यार में मुलाक़ातें होती हैं,
पर हर मुलाक़ात से पहले का दर्द एक अलग बुख़ार होता है
मोहब्बत का इज़हार रोज़ हो चाहे, जिया बेक़रार हर बार होता है
हज़ारों बार प्रणय सूत्र में बंधे हों, हर मिलन,
एक जुदा तपन, एक जुदा अंगार होता है
अपने ज़ख़्मों को बयाँ करना आसान है क्या?
हर बार दिल का दामन तार-तार होता है
कहने को तो इश्क़ एक है सभी के लिए,
हरेक के पास ख़ून -ए-जिगर निकालने के लिए, एक अलग हथियार होता है।।

55

राह की मिट्टी, सड़क की गिट्टी, गाने गा रही है
क्यूंकि, झूमती मचलती मेरी दिलबर आ रही है

लिफ्ट की ट्यून, कालबेल की धुन, संगीत फैला रही है
क्यूंकि, बलखाती, इठलाती मेरी नूर- ए-नज़र आ रही है

खिड़की की स्लाइडिंग, पर्दों की लाइनिंग, समा बना रही हैं
क्यूंकि, लहराती इतराती, मेरी जानम आ रही है

कुशन के कवर, बिस्तर की चादर, आँखें मटका रही है
क्यूंकि, शर्माती मुस्कुराती, मेरी हमदम आ रही है

दिल में गुदगुदी, मन में खलबली, होठों पर जीभ, बार-बार जा रही है
क्यूंकि, मेरी प्यास मिटाने, मुझे मुझसे चुराने, मेरी चितचोर आ रही है।।

56

तुम्हारे आने की आस में पलकें बिछाई थीं मैंने
मन में उम्मीदों की महफ़िल सजाई थी मैंने
तसव्वुर की दुनिया में हसरतों से खेल रहा था
ख़्यालों में रूमानी उजाला फैल रहा था
मय भी थी, मीना भी था, साक़ी नहीं था
बेबाकी की महफ़िल का कोई आयाम बाक़ी नहीं था
ख़्वाबों में तुम्हारे हुस्न से सरगोशी कर रहा था
इश्क़ की सल्तनत में अपनी ताजपोशी कर रहा था।

तुम आई और मेरा बसेरा जन्नत मे तब्दील हो गया
रौशनी सी हुई और सारा समा धूमिल सा हो गया
उम्मीदों से हक़ीक़त ज़्यादा पुरज़ोर हुई
अरमान निकले और तबियत सराबोर हुई
बिन पिये मैकशी कर ली हमने
कजरे की धार से ख़ुदकुशी कर ली हमने
रूमानी आग़ोश , रूमानी बातों में मदहोश
हर सिम्त रूमानियत छाई हुई थी
कल तक की रूखी अदायगी, आज रुबाई हुई थी।।

तुम घटा की तरह आई, और सावन की तरह बरस के चली गई
तुम्हारे साथ चैन गया, क़रार गया, नींद भी चुरा कर ले गई
उदासी के आलम में ख़ुशी को ढूँढ रहा हूँ
अपनी प्रियतमा अपनी हमनशीं को ढूँढ रहा हूँ
नये सिरे से हसरतों की महफ़िल सजाऊँगा
उम्मीदों को फिर पास बुलाऊँगा
तसव्वुर में घूमने का सिलसिला फिर शुरू होगा
रूमानी मय से झूमने का सिलसिला फिर शुरू होगा।।

57

रगों में चिंगारियाँ दहकती हैं, कल क्या ये शोला बन पाएँगी ?
या आतिश जगाने से पहले, मचल कर बुझ जाएँगी ?
सामने नदिया बह रही होंगी , पर क्या झरना बन पाएगी?
या बहाव तेज़ होगा, पर पहाड़ी से गिरने से पहले ही सूख जाएगी?
आँधी आएगी, ग़ुबार उठाएगी, पर क्या तूफ़ान बन पाएगी?
या समुद्री हवा में तब्दील हो, दरख़्त हिलाएगी?

आतिश न भी लगे, सुलगने सुलगाने मे, कमी नहीं होगी
झरना न भी गिरे, फुहारों की नमी सही होगी
तूफ़ान न भी आए, हवाएँ असर दिखाएँगी
बीज को उड़ाकर, फूल पर बिखराएँगी
तांडव न सही, पर नृत्य तो होगा, मधुर और नयनाभिराम
जैसे कामदेव और रति, शिव पार्वती, राधा और घनश्याम।।

58

तुम न आतीं ज़िंदगी में तो हम फ़ना हो जाते
अँधेरों के, दुख के, उदासी के, आशना हो जाते
तुम्हारे आने से ज़िंदगी गुलज़ार हो गई
ख़िज़ाँ की ओर जाते-जाते, यकायक बहार हो गई।

तुम्हारे आने के बाद का इतना सा फ़साना है
रंगीन सपने, रंगीली रातें, सतरंगी तराना है
प्यार है, इज़हार है, इक़रार है, तकरार एक बहाना है
चुराए हुए लम्हे, चुराए हुए आलिंगन, चाहे दुश्मन ज़माना है।

तुम्हारे बिना जीवन काँटों की सेज हो सकता था
तुम्हारे साथ आज कलियों से सजी शैय्या है
हम बस प्रेमालाप करते, जीवन नौका में यूँ ही विचरते रहें
हमें डर कैसा जब रब ख़ुद हमारा खिवय्यिया है।।

59

दीवाने की बात को दिल से क्या लगाना
बावरा कब क्या कह दे इसका न ठिकाना

तुम्हारे ही हुस्न का दीवाना है इसे माफ़ कर दो
तुम्हारे इश्क़ मे बावरा हुआ है दिल साफ़ कर लो

तुम्हे साथ गुज़ारे ख़ूबसूरत पलों की क़सम
जो लब, लब से टकराए थे उन लबों की क़सम

तुम्हारी दरियादिली का हमेशा से क़ायल हूँ
सच कहूँ , मैं पागल हूँ ॥

60

जिसके आने से मेरी दुनिया रौशन हो जाती है
दिल की मुरझाई सी बगिया खिला सा गुलशन हो जाती है
रोम-रोम रोमांच से भर उठता है
त्वचा मेरी ख़ुद पैरहन हो जाती है

चारों ओर फूट पड़ते हैं हज़ारों नग़में
मेरी आवाज़ भंवरे की गुंजन हो जाती है
नज़रें मिलाती हैं तो अपनी तस्वीर नज़र आती है
मेरी आँखें उसका दर्पण हो जाती हैं

धड़कनों का शोर चारों ओर गूँज उठता है
जब मेरी आग़ोश में उसकी काया कंचन आ जाती है
सांसों के तार झंकृत हो उठते हैं
जब मेरी जिव्हा उसका चुंबन पा जाती है

वो परी नहीं पर मेरे लिए फ़रिश्ते से कम नहीं
उसकी हर अदा तिलस्मी बंधन हो जाती है
वो बुत नही, पर खजुराहो की मूर्तियों में वो दम नही
वो सारी कलाकृतियों का मंथन हो जाती है।।

61

तुम जाने के बाद एक ऐसी कमी का एहसास छोड़ जाती हो
जैसे ज़िंदगी का सारा रस तुम अपने संग निचोड़ जाती हो।
छोटी सी हो, पर इतना सब कैसे समेट लेती हो अपने दुपट्टे में?
मेरा सुख, मेरा चैन, मेरे दिन और मेरी रैन
रह जाते हैं पीछे, बस सूखे से होंठ और बावरे नैन।
और मैं, सुलगता हुआ, जैसे कोई सूखा लकड़ा हो भट्ठे में।
तुम आती हो, तो मेरा घर भी जश्न सा लगने लगता है
दर-ओ-दीवारों में भी एक नया सुकून बहने लगता है।
तुम्हारे जाते ही, वो उजाला धुंधला सा हो जाता है
घर भी तुम्हारी कमी से ठहरा-सा लगने लगता है।
जैसे दीवारें भी तन्हाई का दर्द समझने लगी हों
हर कोना तुम्हारी ख़ुशबू को ढूँढने में खोने लगा हो।
तुम्हारे साथ, हर कोना खिलखिलाता है
तुम्हारे बिना, हर चीज़ वीरान हो जाती है।
तुम आओगी, तो फिर से समां रौशन हो जाएगा
हंसी की गूंज, ख़ुशियों का संगीत लौट आएगा।
मेरी निंदिया फिर से अपने घर को पाएगी
और दिल एक नई उमंग से भर जाएगा।
लेकिन तुम्हारी पीठ दिखते ही
उमंगों का वो क़ाफ़िला कहीं ओझल हो जाएगा।
हर उम्मीद फिर से तुम्हारे लौटने की राह देखेगी
और हर सुंदर ख़्वाब के बाद, ये आशिक़ आँखें मलता रहेगा।
तुम्हारा आना-जाना, यूँ ही ज़िंदगी का हिस्सा बनेगा
और मैं, हर बार तुम्हारे लिए नया सवेरा सजाए रखूँगा।

62

तुम्हारे आने की आस, जैसे फूलों का सुवास
जैसे कस्तूरी का प्रवास, जैसे लहरों का अट्टहास

उपमाएँ कई दे सकता हूँ, दृश्य कई रच सकता हूँ
कर्णप्रिय, मनोरम, मधुर, गीत कई लिख सकता हूँ

किन्तु इनमें सत्य को खोजना आवश्यक होगा
मोती पाने के लिए महासागर में डूबना आवश्यक होगा

वो सत्य जो इतना प्रत्यक्ष है, वो सत्य जो इतना उजागर है
वो सत्य जो मेरी हृदयध्वनि, भावनाओं की छलकती गागर है

न काव्य की आवश्यकता है, न गीतों का आधार
तुम्हारे अंतर्मन को विदित है, तुम्हारे प्रीतम का व्यवहार

दो आस के पंछी उड़कर, हम दोनो के पास करेंगे समर्पण
मिलन के स्वप्ननगर में, रमणीय होगा, तुम्हारे प्रेमी का आचरण।।

63

नाराज़गी के जुनून में, रवानगी आई ख़ून में
और तुम, कुछ ज़्यादा ही कर गुज़र गई।
मेरे रिसते ज़ख़्म पर, जब नमक सा पड़ा इधर
तो मेरी मेहरबान नज़र , कुछ ठहर-ठहर गई।
गर तुम यूँ ही आपा खोती रहीं, करती रहीं, गुज़रती रहीं
और मेरी नज़र अपना करम रोकती रहीं, ठहरती रहीं
तो होगा ऐसा असर, कि एक राह के हमसफ़र
ढूँढने लगेंगे जुदा राहगुज़र, और रह जाएगी ख़ाली प्रेमडगर।
लड़कपन में चले थे, हाथ थामे हुए
स्नेह भरे उन मासूम लम्हों को जिए।
फिर जब मिले, तो दिलों में प्यार हुआ
और प्रेमालाप के मीठे घूँट भी साथ पिए।
पर अब जब जीवन का क्षितिज क़रीब आ रहा है
और वृद्धावस्था का हर पड़ाव हमें आज़मा रहा है
तो गर इस सफ़र को सुकून भरा बनाना है
तो एक-दूजे की हर कमी को नज़र अंदाज़ कर, साथ निभाना है।
हाथ थामे, क्षितिज तक यूँ ही चलते रहेंगे
हर ग़लती को माफ़ कर, बस प्रेम से बहेंगे।
क्योंकि ये डगर, सिर्फ़ प्रेम से ही सजती है
और सच्चा साथ वही है, जो अंत तक रहती है।।

64

कौन कहता है मौसम चार महीनों बाद बदलता है?
हमने पलक झपकते मौसम बदलते देखा है
आँखें खुली थी तो सावन की सुहानी बयार थी
आँखें मुंदी और खुली तो देखा ख़िज़ाँ की रूपरेखा है
धूल, आंधियाँ, सूखे पत्तों को उड़ाती हुई बौछार
तो घुटन का एहसास कराती हुई उमस थी।

मन अज्ञात भय् से सिहर गया
संजोया हुआ उत्साह बिखर गया
अनभिज्ञ था कि सावन में ख़िज़ाँ आई थी
या ख़िज़ाँ में बहार छाई थी?
सर्द थपेड़ों में चंद फूल खिले थे
या हरियाली में चंद सूखे पत्ते गिरे थे?
मौसम है, मौसम का, क्या ऐतबार?
फिर बदल सकता है, तोड़कर ख़ुमार
गुलशन में टहलते हुए मेघ बरस सकते हैं
घास के गलीचे पे लेटे हुए ओले पड़ सकते हैं
तो क्या चट्टान सा निर्जीव और निस्तेज हो जाएँ?

फिर कोई ऋतु आए कोई ऋतु जाए
अंतःकरण में कोई हलचल न जगा पाए
या उत्तरी ध्रुव या दक्षिणी ध्रुव पर चले जाएँ?
सर्द, शुश्क, पर बारहों महीने एक सा मौसम पाएँ
अनायास बदलता मौसम नागवार है हमें
समझ में नहीं आता करें तो क्या करें?

65

गुलशन की तू तितली सी लगती है
मेरे दिल पर जो गिरी है वह बिजली सी लगती है
जिसे देखते ही मुँह में पानी आए वह इमली सी लगती है
जो आँखों को भा जाए वह कमसिन कली सी लगती है
जिस की थाप से मन थिरक जाए वह डफली सी लगती है
हर वक़्त , हर हाल में, मुझे हमेशा, बेहद भली सी लगती है॥

66

वास्तविक दुनिया से अलग हर प्रेमी प्रेमिका की एक अलग दुनिया होती है
जिसमें उनके रिश्ते की सारी ख़ूबियाँ होती हैं
हमारी भी एक दुनिया है
जिसमें मैं तेरा सखा, तू मेरी मुनिया है

सतरंगी, अद्भुत, अद्वितीय
ऐसा लगे मिथ्या है
आओ बताते हैं इसमें क्या-क्या है
मिलन का आनंद, बिछुड़ने का दर्द, बिरहा के गीत

छोटी-छोटी हार
छोटी-छोटी जीत
प्रीत की अभिव्यक्ति
जुड़ाव की अपार शक्ति

प्रेमालाप, मधुर क्षण
निराले प्रसंग, रुपहले स्मरण
कुछ रूठना मनाना
कुछ मनना अथवा मान जाना

कुछ रोचक संवाद
कुछ अपनों की याद
बहुत सारा हर्ष, बहुत सारा उल्लास
बहुत सारा मज़ाक़ , बहुत सारा उपहास

बहुत सारा रुचियों का मेल
बहुत सारा सहयोग और तालमेल
ग़म और ख़ुशी का पूर्ण ब्यौरा
समाचारों का घूमता भौंरा

एक दूजे पर पूर्ण विश्वास
एकसाथ स्वर्णिम भविष्य की आस
ये हमारी दुनिया नहीं , मानो हमारा स्वर्ग है
ये एक तरफ़ और बाक़ी तरफ़ सारा निसर्ग है।।

67

हमेशा तू मदिरा की सुराही होती है, कल पानी की छागल हो गई
मेरी सारी प्यासें बुझाई, और ख़ुद निर्जल सो गई
साथ सुहाना था, या एक बहाना था, या जुदाई की रात का एक नज़राना था?
हम इसी बात से इत्मीनान कर लेते हैं कि, संदल पर नागिन लिपटी और भोर हो गई
दिल पर डाका डालने वाली, कल चितचोर हो गई ॥

68

सदा उज्वल और प्रखर, जीवन ज्योति हम जलाएँगे
चढ़ान पर साँस फूलेगी मगर, ढ़लान पर पैर फिसलेंगे मगर
चाल का वेग बिना किए कम, क़दम बढ़ाते जाएँगे
सदा उज्वल और प्रखर जीवन ज्योति हम जलाएँगे।

यदाकदा फूल मिलेंगे, ज़्यादातर शूल बिखरेंगे
चाहे लहू-लुहान हो पैर, रुकेगी नहीं हमारी सैर
न हिम्मत छूटे, न आस टूटे, आगे हम बढ़ जाएँगे
सदा उज्वल और प्रखर जीवन ज्योति हम जलाएँगे।

कभी लूटने के लिए फांसा जाएगा, कभी झूठ और फ़रेब का झांसा आएगा
अपनी बुद्धि और विवेक से, सदा रहें हम नेक से
लोभी को सबक़ सिखाकर, शातिर को धूल चटाकर हम पग-पग चलते जाएँगे
सदा उज्वल और प्रखर जीवन ज्योति हम जलाएँगे॥

69

लोगों की महबूबा दिल की रानी होती है
मेरी महबूबा मेरे दिल की मलिका है
गर मेरे जहान में रंगीनियाँ हैं तो
वह रंग भरने वाली तूलिका है।

गर उसके दिल पर हुकूमत है मेरी
तो मेरा दिल उसकी सल्तनत है
जिस जगह भी हम साथ रुक जाएँ
जगह नहीं, वह जन्नत है।

गर नेकनियत से पीर-फ़क़ीर बनते हैं
तो हमारा इश्क़ ही हमारी इबादत है
किसी का ख़ौफ़ क्यूँकर हो हमें
हम पर ख़ुदा की नज़र-ए-इनायत है।।

70

कोई तो ख़ाली पैमाने से, ख़ाली लम्हे में, मेरे साथिया की आवाज़ की मय भर दे
कोई तो वो शमा जलाए जो उसकी धुंधली छवि को उजागर कर दे
एक मुद्दत हो गई सुकून से जागे हुए, चैन से सोए हुए
कोई तो उसका दामन उढा जाए जिससे वही कुछ असर कर दे

मोहब्बत का मर्ज़ है, दर्द भी यही देता है, क़रार भी यही देता है
कोई मेरी महबूबा के तबस्सुम की रौशनी ले आए, वह बुत को भी चारागर कर दे
तरसती वह भी होगी, तड़पती वह भी होगी,
तसव्वुर में मुझसे लिपटती वह भी होगी
कोई मेरे गीत की तासीर उस तक पहुँचाए, जो उसकी पीड़ा को दरबदर कर दे॥

71

क़यामत नहीं बरपी, शहर ही तो बदला है
ज़मीनी ही तो है, कौनसा दिलों का फ़ासला है
मन उदास, होठों पर प्यास, आने की आस क्यूँ है
असमंजस में हूँ, तुम ही बताओ, ये क्या माजरा है

अपनों से घिरी है, पर आवाज़ तो वही है
साज़िंदों के बीच रखा हो, पर साज़ तो वही है
बेचैनी, बदहाली, बेकली, बेक़रारी क्यूँ है
चलो क़सूरवार ठहराते हैं उसको, कि वह इतनी प्यारी क्यूँ है।।

72

मेरी ज़िंदगी में दो जहान हैं
तेरे बिन ज़मीं , तेरे साथ आसमान है
तेरे बिन बेक़रारी , बेकसी, चहलपहल, परेशानियाँ
तेरे साथ प्यार, दुलार, अल्हड़पन, नादानियाँ।

जब एक जहान का दूजे जहान से मेल होता है
फ़ासलों से निगाहों का खेल होता है
हुजूम मे छटपटाते से रह जाते हैं
हमसफ़र एक-दूजे को नावाक़िफ़ सा पाते हैं।

जब साथ होते हैं तो जहाँ नीलगगन बन जाता है
मालिक ख़ुशियों की सौगात लुटाता है
बादलों पर परिंदे बन बेख़ौफ़ विचरते हैं
सौ बार एक दूजे को निहारते हैं, सौ बार मरते हैं।।

73

कभी तेरा आना, कभी तेरा जाना
कभी मेरा आना, कभी मेरा जाना
दोनो सूरतों मे, इतना ही फ़साना
कभी आहें भरना, कभी मुस्कुराना।

दिल जुड़े हैं लेकिन, फ़ासले का क्या करें
तन्हाई का क्या करें, रूठी पारसाइ का क्या करें
एक नहीं हो पा रहे, तो इस हौसले का क्या करें
ख़ुशी और ग़म के इस, मसले का क्या करें

कभी बाँहों में भरना, कभी बाँहों मे आना
कभी तकिये को भींच कर, कसमसाना
इन सिलसिलों में, दुनिया को भूल जाना
फ़िलहाल यही है, हमारा छोटा सा अफ़साना ।।

74

कई बार सोचता हूँ हर बार तुमसे मिलने पर तुम्हें एक नज़राना दूँ
तुम्हारी बेबाक मोहब्बत का एक छोटा सा शुक्राना दूँ
फिर सोचता हूँ मेरी नज़रों से छलकता प्यार तुम तक पहुँचता ही होगा
मेरी धड़कनों से उसका इक़रार तुम तक पहुँचता ही होगा
मेरी बाँहों का फड़कना न भी तुम समझो,
मेरी साँसों का इज़हार तुम तक पहुँचता ही होगा।

कई बार सोचता हूँ हर बार तुमसे मिलने पर तुम्हें
याद करने के लिए एक सपना सुहाना दूँ
तुम्हारी शोख़ियों और जिस्मानी नाफ़रमानियों का रंगीला अफ़साना दूँ
फिर सोचता हूँ मेरे शरीर की हरारत से तुम वाक़िफ़ तो होगी
मेरी उंगलियों की शरारत से तुम वाक़िफ़ तो होगी
मेरे होठों की सरगोशी ज़ेहन में न भी आए,
मेरी ज़ुबान की इनायत से तुम वाक़िफ़ तो होगी।

सोच का क्या है बेलगाम घोड़े की तरह दौड़ती है
कभी ख़्याली महल बनाती, कभी तोड़ती है
बस इतना जानता हूँ, तुम्हारे आने से दिल बाग़ -बाग़ होता है
जो भी कहता हूँ, बयान करता हूँ, वह मोहब्बत का राग होता है
जिससे मेरा जहाँ रौशन होता है, वह इश्क़ का चिराग़ होता है।।

75

चुटकी काटता हूँ ख़ुद को, कि कहीं ख़्वाब तो नहीं देख रहा?
चारों ओर फैले अंधियारे में, कहीं आफ़ताब तो नहीं देख रहा?
देखते-देखते एक दोस्त हमसफ़र बन गयी
देखते-देखते एक सखी नूर-ए-नज़र बन गई
एक वो आलम था मैं तन्हा, नाशाद, ज़िंदगी से बेज़ार
आज वो आलम है, ख़ुशी , आवारगी, और प्यार ही प्यार

लोग चाहत ढूँढ़ते हैं, चाहत ने मुझे ढूँढ लिया
पलकों ने दिल तक पहुँचाकर, अपने-आप को मूँद लिया
अब सारी दुनिया उसी में सिमट गई है
पीछा करती नामुराद बलाएँ घिसट गई हैं
तसव्वुर से ज़्यादा हक़ीक़त हसीन हो गई है
जन्नत में चिंता करने वाली निगाहें मुतमईन हो गई हैं।।

76

रोज़ सवेरे के उसके राग से सालों से मनोरंजन हुआ
फिर ख़्याल आया मेरे पास उपमाएँ बची ही नही हैं
और नई उपमाएँ मैंने रची ही नही हैं
सारी उपमाएँ तो मैं अपनी प्रियतमा को दे चुका हूँ
वक़्त , मौक़े या संसार से मैं कब रुका हूँ?

ज़ेहन में उपमाओं की थैली को खंगाला
तो कुछ आवाज़ आई
चंद उपमाएँ थीं, जो विशेष अवसरों पर
उसे देने के लिए मैंने बचाई थी
ये सोचा उसे दूँगा
और उनके एवज़ में प्रीत प्रवाह लूँगा

कल्पना मात्र से मन पुलकित हो उठा
स्वर्ग में जैसे विचरण करने लगा
रोम-रोम आनंदित हो उठा

और कोयल? उसके पास है ही क्या मुझे देने के लिए?
उस कर्णप्रिय कूक के सिवा
अपना कहने के लिए

और वह कौन सा मेरे लिए गाती है
वह तो सबको अपनी आवाज़ सुनाती है
क्या मैं स्वार्थी, और वह दानी महान है?
ग़लत , मैं आशिक़ हूँ, और वह सिर्फ़ गुणवान है
कोयल को मेरी उपमाओं का इंतज़ार करना होगा
तब तक यूँ ही कूकना होगा, बैठना होगा, उड़ना होगा।।

77

माजरा तिलिस्मी होता है
समा आलीशान बन जाता है
दो हवाओं के मिलने से
जब तूफ़ान आता है

होंठों से होंठों का मिलना
जैसे दो पंखुड़ियों का खिलना
ज़ुबान की सरगोशियाँ
लाएँ जाम सी मदहोशियाँ

आँचल का ढ़लक जाना
मानो पैमाने का छलक जाना
दो शफ़्फ़ाफ़ बलाएँ
मचलती लरकती सी बुलाएँ

हाथों का इस्तक़बाल करना
कच्ची कलियों को मसलना
पलटने पर दिखता जो नज़ारा
दो कलश और बीच से बहती धारा

खाई की मखमली घास
और चमकती ओस की बूँदें
उनका सजदा करता मैं
प्यास बुझाता आँखें मूँदे

सबके बीचोबीच छुपा
नायाब ख़ज़ाना
अपना सा लगे
होकर भी बेगाना

कांपती उंगलियों से
उसे टटोलता मैं
परत-दर-परत
उसे खोलता मैं

और फिर वह अनमोल घड़ी
शिव से शिवानी बेहिचक लड़ी
डमरू की ताल पर तांडव होता हुआ
हर बाण को गांडीव खोता हुआ

भूचाल और धमाका सो होना
और फिर शांति का पसरना
ज़मीं पर छाया हुआ जैसे हो फ़लक
साँसों में लगातार पनपती जैसे, क्रांति की धधक।।

78

जब चिड़िया चोच लड़ाती है
फूल पर तितली मंडराती है

तोता आवाज़ देता है
जिस पर मैना संगीत सुनाती है

चाँद को बादल ढ़क लेता है
और कुमुदिनी नहीं खिल पाती है

जब मोर की पुकार सुन
मोरनी थिरक-थिरक जाती है

जब सागर के उफनने पर
नदिया उसमें मिल जाती है

दिन जब थक जाता है
रैन उसमें समा जाती है

लहरें अठखेलियाँ करती हैं
और किनारे से टकराती हैं

सच कहता हूँ मेरी प्रिये
तुम्हारी बहुत याद आती है।।

79

लोग तरस खाते हैं, कि जाने कितने त्रस्त हम रहते हैं
वो क्या जाने, हमारी एक मोहब्बत की दुनिया है, उसमे मस्त हम रहते हैं

काहे का अतीत को कोसना, काहे का आँसू बहाना
काहे का वर्तमान से घबराना, काहे का असमंजस में पड़ जाना
सुंदर सपने सजाते हैं, फिर उन्हें हक़ीक़त बनाने में व्यस्त हम रहते हैं
हमारी एक मोहब्बत की दुनिया है, उसमें मस्त हम रहते हैं।

दुनिया का ख़ौफ़ नहीं, न अनहोनी का है
जब साथ मनमोहक, मेरी सोनी का है
काहे की रेलमपेल, काहे की आपाधापी
ख़ुदग़र्ज़ी , तंगदिली ही तो है, सर्वव्यापी
कई बुतपरस्त, कई वफ़ापरस्त कहते हैं
हमारी एक मोहब्बत की दुनिया है, उसमें मस्त हम रहते हैं।

कल क्या होगा? ये सवाल सब के मन में है
सवालों से दामन छुड़ाकर, हम माशूक़ा के नशेमन में हैं
काहे की चिंता, काहे का मंसूबे बनाना
काहे का पसीने में लथपथ, नींद से जाग जाना
लोग ज़िंदगी की दौड़ में, लस्त-पस्त सब सहते हैं
हमारी एक मोहब्बत की दुनिया है, उसमें मस्त हम रहते हैं।।

80

तुम्हारी आवाज़ से सुबह होती है, तुम्हारी आवाज़ से रात होती है
शाम के धुंधलके में भी तुमसे बात होती है
और दरमियान का समय भी तुम्हारे ख़्यालों में गुज़रता है
बावजूद इसके भी जी कहाँ भरता है
एक बार को खाना न खाऊँ तो कोई बात नहीं
तुम से बात न कर पाऊँ तो बड़ा अखरता है।

कभी सोचता हूँ तुम न होतीं तो क्या होता?
कैसे यह बंदा जागता और कैसे सोता?
एक दिन से दूजे दिन का फ़र्क़ ही न पता चलता
कब सुबह होती, कब दिन ढ़लता
कौन अपनी दिन की आपबीती सुनाता?
कौन मेरी नीरस दीनचर्या मे दिलचस्पी दिखाता।

किस से बाँटता ख़ुशी और ग़म ?
न कोई ख़ैरख़्वाह होता, न कोई हमदम
ज़िंदगी जीने का जज़्बा ही खो देता
अकेले ही हंसता और अकेले ही रो लेता
किसी दिन एक लावारिस लाश में तब्दील हो जाता
किसी को इल्म भी नहीं होता और मैं दिवंगत लोगों में शामिल हो जाता।।

81

आँखें न कर सकीं, शक्ल-ओ-सूरत न कर सकी,
वो करिश्मा मेरी आवाज़ ने कर दिया
एक छोटी सी, प्यारी सी, तजुर्बेकार, हसीना का दिल हर लिया
मोहब्बत हुई, परवान चढ़ी, मुलाक़ातें हुईं, नज़दीकियाँ बढ़ीं
उस कामायनी ने, मेरी ज़िंदगी का ख़ाली प्याला, अपने प्यार की मय से भर दिया।

अपनी आवाज़ का एहसानमंद भी हूँ, शुक्रगुज़ार भी
उसकी तासीर से हैरतमंद भी हूँ, उसका ख़ाकसार भी
इतरा जाता हूँ, जब-जब माशूक़ा ने, उसका ख़ास ज़िक्र किया
कभी नग़मों की शक्ल में, कभी ग़ज़ल की शक्ल में ,
आवाज़ को बाअदब, उसके नज़र किया।।

82

तुम बिन, अकेले, हर सिम्त अंधेरे रहते हैं
जाने कितने शरारती और दिलचस्प, सवाल घेरे रहते हैं
कभी सवाल उठता है, गर हम जवानी में क़दम रखते ही मिले होते तो क्या होता?
नवजात सुलगते अरमान मचलते, दिलों में तूफ़ान उबलते,
एक दूजे की प्रेम गंगा में हम लगाते गोता।

एक सवाल अक्सर दस्तक देता है,
अनगिनत संभावनाओं की कल्पनाओं से मन भर देता है
गर हम शादी के बंधन मे बंध जाते तो क्या होता?
न तुम पर गाज गिरती, न मैं सालों साल, दयनीय स्थिती से, करता समझौता।।

न तुम्हारा अतीत स्वर्णिम है, न मेरा अतीत तुमसे बेहतर है
आज हम हाथ थामे, आनंदमय जीवन के सुनहरी द्वार की देहरी पर हैं
सवाल कौंधता है कि ये ख़ूबसूरत मंज़र को, क्या हम क़ायम रख पाएँगे ?
बस इतना जानता हूँ इसे क़ायम रखने के लिए जान की बाज़ी लगाएँगे
हाथ थामे ही जिएँगे , और एक दिन हाथ थामे फ़ना हो जाएँगे ।।

83

आज धड़कनें अपनी लय बदल बदल रही हैं
सांसे भी अपनी सरगम से बाहर टहल-टहल रही हैं
कल क्या ख़ास है? दोबारा मुलाक़ात ही तो है
ज़्यादा भी नहीं, दो रातों का साथ ही तो है
फिर क्यों कमबख़्त तबियत मचल-मचल रही है?

एक लम्हा जाता है, दूजा आने से डरता है
वक़्त गुज़रता नहीं, निढ़ाल सा ठहरता है
इत्मिनान की शमा रुकती नहीं, पिघल-पिघल रही है
सारी सरगर्मियों से तबियत कहाँ बहल-बहल रही है?

दो दिन के ताने-बाने उधेड़ कर फिर बुनता हूँ
दो दिन के कार्यकलाप मन ही मन में चुनता हूँ
ये कर के भी मनःस्थिति कहाँ संभल-संभल रही है
अरमानों की लहरें जिया में उछल-उछल रही हैं।।

84

नज़र हर वक़्त ढूंढती है कि तुम कहाँ हो
तुम क्या जानो तुम मेरे लिए क्या हो
जाड़े की ठिठुरती रात के बाद, शरीर पर पड़ने वाली पहली,
गुनगुनी सूरज की किरण हो तुम,
पहली जिस्मानी नाफ़रमानी का, सिहरन जगाने वाला,
अरमान जगाने वाला, सुंदर सा स्मरण हो तुम।

अंधकार को चीरती हुई, लहराती हुई, टिमटिमाती हुई, दीपक की ज्योति हो तुम
जो गहरे पानी में समाये बिना, रेत को हटाए बिना,
अनायास ही मेरे हाथ आ गया, वो मोती हो तुम
जो बेचैनी से निजात दे, शीतलता दे, कोमल जज़्बात दे,
वो सावन की पहली फुहार हो तुम
जिसपर सारी दुनिया वार दूँ, हर चुनौती को स्वीकार लूँ,
मेरा वो पहला प्यार हो तुम।।

85

मेरी नज़्म क्या है? कुछ चुनिंदा लफ़्ज़ों का हुजूम भर है
हर लफ़्ज़ से एक तिलिस्म बना पाऊँ तो कोई बात बने
तुम मेरी शायरी बड़े चाव से पढ़ती हो, दाद भी देती हो
मतला पढ़ते ही तुम्हारे होठों पर तबस्सुम ला पाऊँ तो कोई बात बने।

लोग पुस्तकालय जाते हैं, पढ़ते हैं , चलते बनते हैं
कितने अल्फ़ाज़ हैं, जो मन में घर करते हैं?
शायरी से होकर, मन में जगह पाऊँ, तो कोई बात बने
तुम्हारे मन में , तूफ़ान ला पाऊँ, तो कोई बात बने।

तुमसे इश्क़ है, इसलिए शायरी भी रूमानी लिखता हूँ
हर पंक्ति में तड़पता हुआ, तुमको दिखता हूँ
तुममें भी बेक़रारी जगा पाऊँ, तो कोई बात बने
हर लफ़्ज़ में आतिश छुपा पाऊँ, तो कोई बात बने।।

86

मेरा इश्क़ है, कोई वारदात नहीं है
ये एक बेहद हसीन जज़्बा है
कोई शर्म की बात नहीं है
अपनी मोहब्बत पर
मुझे बेपनाह फ़ख़्र है
उनकी वो जाने
जिनके लिए यह कुफ़्र है।

डरूँ मैं किस से?
इस से? उससे?
सारे जहान से?
मेरी महबूबा को ख़ुद मालिक ने भेजा है,
हुक्म किया है आसमान से
ख़ुशी का आलम कैसे बयाँ करूँ
बस यूँ समझो ये वो दिन है
जिसके आगे निशात नहीं है
यह वो पुख़्ता हक़ीक़त है
जिसके आगे अफ़सानों की बिसात नहीं है।।

87

आज तो बादल भी छाए हैं
हवा भी मंद-मंद चल रही है
कल कोई आने वाला है
इसीलिए तबियत मचल-मचल रही है।

हफ़्ते भर धूप थी, उमस थी
समाँ एक परेशानी का सबब था
मन भी बेचैन और व्याकुल, ग़मज़दा , और अजब सा
यकायक मौसम मेहरबान हुआ या रब कारनामा ग़ज़ब का।

कल का मौसम कैसा होगा किसे परवाह है?
कल तो रेगिस्तान मे भी झरना फूटेगा, ख़ुदा गवाह है
चट्टानों पर भी फूल खिलेंगे, गुलिस्तान महक जाएगा
बाँहों में सारी प्रकृति का सौंदर्य समेट, मन चहक जाएगा।।

88

हवा में लहराते दरख़्त थे, हरियाली थी, नदी का किनारा था
मुस्कुराते सर हिलाते फूल थे, पहाड़ों का दिलकश नज़ारा था
सब कुछ नयनाभिराम लग रहा था, क्योंकि, मेरा साथी इतना प्यारा था।

जिसे तलाशते रहे वह मिला नहीं , पर जो मिला वह भी जादू जगा गया
उस तिलिस्म में ऐसे क़ैद हुए दोनों ,
कि स्मृतिपटल पर एक चित्र सदा के लिए लगा गया
आख़िरकार , रात कितनी भी रंगीली क्यों न हो, सुबह हो ही जाती है
सफ़र कितना भी हसीन क्यों न हो, मंज़िल आ ही जाती है।

लौट आए हैं, पर ख़ाली हाथ लौटे नहीं हैं, क्या साथ लाए हैं हमारे दिलों से पूछिए
लाए हैं उमंग, स्फूर्ति, और परवान चढ़ता हुआ इश्क़,
जो नहीं समझते, उन मुर्दादिलों को छोड़िए
हर बार की तरह इस बार भी सैंकडों बेशक़ीमती यादें बनाई हैं
होती रहें , अगर दुनियाभर में होती रुसवाई है।।

89

वो छोटी-छोटी आँखें, घाव करें गंभीर
वो रौशन करती मुस्कराहट, वो मरमरी शरीर
वो पास हो तो, फ़िज़ा में बहार आ जाए
दूर हो तो, पूनम का चाँद जाने के बाद
अमावस्या की रात छा जाए।

दर्द जगा दे ऐसा, कि रोम-रोम कराह उठे
आग लगा दे ऐसी, कि अंतःकरण छटपटा उठे
पहलू में हो तो, नर्म, कोमल, शीतल एहसास
दूर हो तो, वहशत, क़यामत , अनबुझ प्यास।

दो मचलती, लहराती, उफनती नदियाँ, मिलन को बेक़रार
सागर दूर, चट्टानें भरपूर, नहरों द्वारा करें प्यार का इज़हार
दोनों के बहाव में भरा विश्वास, लहरों में समेटे मोहब्बत की प्यास
संगम होगा, होकर रहेगा, अवरोध अभी कर लें अट्टहास।।

90

जीवन अमृत का संचार करते हैं, तेरे रसवंती अधर
जैसे रसपान कराता है पुष्प, जब जब आ ठहरता भ्रमर
अधररूपी पंखुड़ियों के स्मरण में, व्यतीत होते सातों प्रहर
तू मेरी पुष्पलता, तेरी सुगंध भुला देती, संसार समर

चंदन के वृक्ष से आलिंगनबद्ध हो, जैसे सर्प प्रेम दर्शाता है
रह-रह कर स्मृतिपटल पर हमारा, प्रेमप्रसंग आ जाता है
कल्पना में कभी, वृंदावन में कान्हा की बंसी पर, राधा, भाव-विभोर हो ठुमकती है
कभी उपवन में शकुंतला, व्याकुल हो, दुष्यंत के नाम की माला जपती है।।

91

बादल घिर आते हैं, अंधियारी छा जाती है और फिर बिजली कौंध ही जाती है
भूस्खलन होता है ,धरती काँप उठती है, दरख़्तों को चट्टानें , रौंद ही जाती हैं
प्रेयसी से न मिले हों एक अरसे से, आँखों के सारे डोरे हों तरसे से
शमा के इर्दगिर्द मंडराते पतंगे की तरह,
फूल के आसपास भुनभुनाते भुनगे की तरह
फिर जब मुलाक़ात होती है, वफ़ा की बात होती है, हुस्न से इश्क़ टकराता है
एक आँधी सी आती है, बवंडर बन जाती है, तो ज़लज़ला आ ही जाता है
फिर ख़ामोशी , सीने की तुग़यानियाँ , आँखों में मदहोशी
हर सिम्त बेतरतीबी का मंज़र , पर दिल में सुकून, साँसों की सरफ़रोशी
कश्ती किनारे से दूर रहे, सागर की सरगोशी में बहे, किनारे लगते ही कभी, तूफ़ान आ ही जाता है॥

92

मौसम कानों में आकर फुसफुसा रहा है
मैकशी का समा बनाया है, मैकशी कर ले
मय है, मीना है, किस बात की देर
तू जाम पे जाम भर ले
मय जब सर चढ़ के बोलेगी
बहार का मज़ा आएगा
दुनिया कितनी हसीन नज़र आएगी
जब तू लड़खड़ाएगा

एक बुझी सी हँसी के साथ
मैंने फ़रमाया
तेरा मशवरा दुरुस्त है पर सावन की फुहार के साथ
और तू क्या लाया?
मय है, मीना है पर साक़ी नहीं है
माशूक़ा के दीदार के सिवा
कोई हसरत बाक़ी नहीं है

अगली बार आना तो मेरे यार को
साथ लाना
तब आशिक़ी के साथ-साथ
मैकशी भी कर लेंगे
एक घूंट जाम का
एक घूंट, महबूबा के लबों का भर लेंगे
ख़ुद को उसपर लुटाकर
सुहाने मौसम का ज़ायक़ा लूटेंगे
बदनुमा ख़्याल बदनुमा ख़्वाबों के सिलसिले
दिलबारा की आग़ोश में जाते ही टूटेंगे।।

93

मैं यहाँ हूँ पर मन यहाँ नहीं है
मन वहाँ है जहाँ मेरी दिलनशीं है
तन्हाई की आदत है मुझको
तन्हाई मुझे कचोटती नहीं
पर आज समाँ यह है
कि आहें निकलती हैं
और उमंग जाकर लौटती नहीं
जुदा ही होते हैं अक्सर
मिलना रुक-रुककर होता है
पर तसल्ली दिल को होती है
दिलबर शहर में ही सोता है
जानता हूँ सब के बीच भी
वो मुझको याद करती होगी
कब बात कर पाएगी मुझसे
बाट जोह कर आहें भरती होगी॥

94

छोटी सी मुलाक़ात हुई
थोड़े से प्यार का मौक़ा मिला
उमस भरे बंद कमरे में
ठंडी हवाओं का एक झरोखा मिला
लगा मानो शुश्क से मन में ताज़गी आ गई
पतझड़ में कुछ देर के लिए बहार छा गई
पर छोटा सा मिलन फिर बिछोह में तब्दील हो गया
निर्जीव शरीर में जान फूंक कर मेरा क़ातिल गया
अब फिर बेक़रार आँखें उसका इंतज़ार कर रही हैं
सर्द आहें सब्र का घड़ा हौले-हौले भर रही हैं।।

95

तेरे होठों पर सदा बरक़रार रहे तबस्सुम की रौशनी
आवाज़ की खनक और बातों की चाशनी
तेरी नज़रो से जो नज़र मिलाऊँ तो प्यार ही प्यार दिखे
हर अदा में तेरी वफ़ा का इज़हार दिखे

दुआ है ये मेरी और आशिक़ की दुआ सदा क़ुबूल होती है
दिल से निकली हुई पुकार कहाँ फ़िज़ूल होती है
इतनी शिफ़ा होती है, शिद्दत से की हुई मोहब्बत में
कि बुत बोल उठते हैं
इतनी तासीर होती है इस इबादत में, कि मुर्दे भी जी उठते हैं।।

96

इंतज़ार के आख़िरी लम्हे वाक़ई अजीब होते हैं
थोड़े खट्टे, तो थोड़े मीठे भी।
एक तरफ मुलाक़ात की घड़ी का इंतज़ार
दूसरी तरफ़ नज़दीक आने की बेताबी का असर।
एक तरफ़ इतने दिनों की बेक़रारी का जुनून
दूसरी तरफ़ दिल में छुपा ख़ुशी का सुकून।
कुछ ख़ुशनुमा मंज़र आँखों में तैरने लगते हैं
तो कुछ बिछोह के अधूरे क़िस्से याद आते हैं।
घड़ी की सुइयाँ जैसे ठहर सी जाती हैं
थकी-थकी, डरी-डरी चलती हैं।
दिल की तबीयत कभी गिरती है, तो कभी संभलती है
कभी जगी-जगी सी, तो कभी मरी-मरी सी लगती है।
ज़िंदगी पस-ओ-पेश के आलम में क़ैद हो जाती है
न पूरी तरह ग़मगीन , न पूरी तरह शादमां।
लेकिन यह जानलेवा इंतज़ार का मंज़र
एक पल में मिट जाता है
जब मेरी बाहों में मेरा हमसफ़र आता है।
काले बादल पल भर में फ़ना हो जाते हैं
सितारे फिर टिमटिमाने लगते हैं
और चाँद फिर से मुस्कुराने लगता है।।

97

कोई मेरी ख़्वाहिशों की परवाज़ को न रोके
मुकम्मल होने तक
ये और बुलंदियों तक जाएँगी
कोई मेरे इश्क़ की नादानियों को न टोके।

अभी तो ये क्या-क्या गुल खिलाएँगी
मोहब्बत का ज़ज्बा है दिल में
कोई हंसी खेल नहीं है
खेल समझने वाली टीमें भी हमसे हार जाएँगी।

चाँद को छू लिया
सितारे भी बटोर लिए
आफ़ताब की किरणें भी
उसे कहाँ बचा पाएँगी।

ज़िंदगी में हौसला इसी एहसास से तो है
हम जिस तरफ़ भी चल पड़ें वो क़दम से क़दम मिलाएँगी
किस बात का ख़ौफ़ हमें ? किस बात का है ग़म ?
हमारी वफ़ाएँ पुरज़ोर हैं वो मरते दम तक साथ निभाएँगी।।

98

लोग कहते हैं कच्चे धागे हैं प्रेम के
हम कहते हैं कच्चे ही सही
नियती ने इन धागों में
बंधने का मौक़ा तो दिया।

कैसे भूल सकता हूँ
दिलबर का समर्पण में आँचल फैलाना
उस फैले हुए आँचल ने
चौंका ही दिया।

ज़िंदगी के मेले में भी हम
एक मुद्दत से तन्हा थे
मंदिर के आँगन में खड़े वट-वृक्ष की तरह
भीड़ में बाँहें फैलाए शापित यक्ष की तरह।

फिर दो गोरे हाथों ने कच्चे धागों में लपेटा हमें
वट-वृक्ष की झूलती जड़ों ने समेटा उसे
तन्हाई का काला गहरा साया ओझल हो गया
पाषाण सा सख़्त हृदय कोमल हो गया।

आज भी जब उस से दूर होता हूँ
तन्हाई महसूस होती है
पर ये तन्हाई जुदा है
इसमें वो कच्चे धागों से बंधी
मेरे अंतःकरण में सोती है।।

११

मानने के बाद जब तुम खुल के हंसती हो
लगता है बाग़ों में फूल खिल उठे
बादल छंटे और तारे टिमटिमा उठे

रुका पानी झरने की शक्ल में ऊँचाई से गिर पड़ा
परिंदा पेड़ से उड़ान भर, पहाड़ पर जा चढ़ा
नदिया ने बांध तोड़ा और लहरा के बह चली

काली अंधेरी रात में अचानक चमकी बिजली
मयूर पंख फैला कर नृत्य करने लगा
कोयल की कूक से सारा संसार जगा

मानने के बाद जब तुम खिलखिला के हंसती हो
मेरे दिल की दुनिया में और गहरे उतरती हो।।

100

बाहर सावन बरस रहा है
भीतर तन-मन अपनी प्रेयसी के लिए तरस रहा है
एक आग सी उठ रही है सीने में
अरमान घुट घुट के रह जाते हैं इस तरह जीने में ।

आँखें मूँद लूँ तो गुज़री बारिशें याद आती हैं
वो भी एक अलग हूक जगाती हैं
वो पेड़ों की झुरमुट में हुस्न का इश्क़ से टकराना
भीगे होंठ, भीगे समा में, जैसे मैकश के लिए पैमाना।

बरसात में अधभीगे, छप्पर के नीचे
चाय नोश फ़रमाई थी
कुरकुरे निवालों का ऐसा असर, दुनिया से बेख़बर
नज़रों ने नज़रों को, प्रीत की रागिनी सुनाई थी।

एक बरसात में, हम दोनो साथ में, स्वच्छंद सराबोर हुए
तू मेरी कामायनी हुई, हम तेरे चितचोर हुए
अतीत से ध्यान हटाते हैं तो कल्पना उड़ान भरती है
आने वाली बरसातों का मनोरम दृश्य गढ़ती है।
और सीने की आग बरक़रार है
धधकती है, भड़कती है
चरम सीमा पर पहुँचती है
जब-जब बिजली कड़कती है।।

101

दो ही सूरतों में जान पर बन आती है
ज़िंदगी की मदमस्त लहरें
यकायक उफन जाती हैं
एक जब तुम मुझसे ख़फ़ा होती हो
एक जब तुम्हारी तबियत नासाज़ होती है।

दोनों सूरतों में हक्का-बक्का रह जाता हूँ
अपने-आप को असहाय और कमतर पाता हूँ
सारा माजरा ही बदल जाता है
डूबता दिल संभल जाता है
जब मानने के बाद तुम खिलखिलाती हो
स्नेह से मुझसे लिपट जाती हो।
या जब तबियत संभलने से
तुम्हारी आवाज़ की खनक लौट आती है
लगता है मानो सुबह की स्तब्धता में कोयल कूक उठी
काली घटाएँ हटीं
और मन के मधुबन में ख़ुशियों की कली मुस्काती है।।

102

एक राज़ है जो सीने में छुपा रखा है
उसे देखा है, सुना है, जाँचा और परखा है
तुम मुझसे मुहब्बत करती हो
मैं तुमसे मुहब्बत करता हूँ, ये सर्वविदित है
किस हद तक? ये किसी को ख़बर नहीं।

हमारे बीच जो औपचारिकता नज़र आती है
ये उनकी नज़रों का धोखा है
उन्हें अनुमान भी नहीं
हम प्रेमी युगल के साथ-साथ हमजोली भी हैं
तू मेरी चंचल सखी, ये शख़्स , तेरा बाँका सखा है।

तन के मिलन का अंदाज़ा उन्हें है
क्या जाने हमने एक दूजे को मन में बसा रखा है
चलो इस राज़ को राज़ ही रहने देते हैं
सावन के अंधे को हरियाली के सिवा क्या दिखा है?
जिसे वो दरवाज़ा समझते रहेंगे
दरअसल वो एक छोटा सा झरोखा है।।

103

तेरी याद में दिन निकाल दिए, आख़िर के ये कुछ घंटे गुज़रते नहीं
ख़ूबसूरत ख़्याल ज़ेहन में बेतरतीब से पड़े हैं, कोशिश करने पर भी सँवरते नहीं
अरमानों के ज्वारभाटा उठते हैं गिरते हैं, किसी सूरत में ठहरते नहीं
सब्र के घड़ों में तसल्ली का पानी भरते जाते हैं, मगर कमबख़्त भरते नहीं
तसव्वुर में क्या-क्या कारस्तानियाँ करते रहते हैं, कोई भी वाक्यात अखरते नहीं
इसे दीवानगी नहीं तो और क्या कहियेगा?
ख़ुद ही ज़ख़्म लगाते हैं और पीड़ा हरते नहीं॥

104

तुम्हारे पहलू से उठकर चल तो दिए
पर क़दम लग रहे थे बोझिल-बोझिल
तुम्हारी अंजुमन से निकल तो पड़े हम
पर मन व्याकुल, आँखें धूमिल-धूमिल।

अपनी सेज हर एक को अज़ीज़ है
पर हमें लग रही है क़ातिल-क़ातिल
गुज़ारे हुए पल पीछा करते आए हैं
अब भी हर ख़्याल में हैं शामिल-शामिल।

कितना ही जतन कर लें कितनी ही कोशिशें
इस दर्द की दवा तो होगी तुमसे ही हासिल-हासिल
इंतज़ार ख़त्म हुआ था तो बड़ी ख़ुशियाँ मनाईं थी
अब फिर इंतज़ार की कश्ती के हैं साहिल-साहिल।

उस कश्ती में तुम भी सवार हो और ग़म -ए-जुदाई का शिकार हो
तुम्हारे ख़्वाबों में भी हूँ मैं शामिल-शामिल
तो चलो मिल कर करते हैं बिस्मिल-बिस्मिल।।

105

तुम्हारे आँसू मुझे शिकस्त का एहसास कराते हैं
ये बहते हैं तो रुकते ही नहीं, मेरे दिल को रुला जाते हैं
ये बात अंदर तक कचोटती है, वजह मैं ही होता हूँ
चुभ जाते हैं बबूल, जबकि मोहब्बत के दाने बोता हूँ
जब मासूम थे, तब भी, तुम्हारी आँखें न गीली होने दी
अब भी, आशिक़ी के साथ, सरपरस्ती की भी क़समें लीं
हर मोती जो धीमे-धीमे तुम्हारी आँख के कोने से झरता है
तुम्हे इल्म भी नहीं, एहसास-ए-कमतरी के कितने घाव करता है।।

106

तबियत नासाज़ होती है जब, तू बहुत याद आती है
बदहाली के अंधेरों में, सुकून की शमा जला जाती है
सूखे अधर तेरा स्मरण कर गीले हो जाते हैं
फीके पड़े गाल, तेरी यादों से शर्मीले हो जाते हैं।

अंगड़ाई लेता हूँ तो, तेरा आलिंगन याद आता है
माथे पर हाथ फिराने, पर तेरा चुंबन याद आता है
गर्म हथेलियाँ तेरी ज़ुल्फ़ों की शीतलता याद करती हैं
निस्तेज़ सी आँखें, तेरी मुस्कान को तरसती हैं।

तबियत का क्या है, बिगड़ी है तो सुधर भी जाएगी
ज़िंदगी फिर अपने ढ़र्रे पर चल भी जाएगी
लेकिन फिर जब बिगड़ेगी या फिर नासाज़ जब होगी
फिर लौट-लौट कर तेरी बहुत याद आएगी।।

107

पेड़ की शाख से गुज़रती हुई, पत्ते की नोंक से टपकती हुई
बारिश की बूँद को देखा
तो एक दृश्य आँखों के सामने तैरता हुआ आया
एक कमसिन कामायनी का बदन
एक सुडौल काया
सर से पाँव तक डोलता हुआ आया।

गीली शाखें, गीला तना, गीले फूल, गीली पत्तियाँ
मानो उन्हें फुहारों ने अपनी आग़ोश में ले लिया
आस-पास के वृक्ष हवा में लहलहाते, सर हिलाते मानो इस मिलन के गवाह हों
और उस पल मेरे अंदर एक हूक सी उठती है
एक कसमसाहट, एक आग सी लगती है
रोम-रोम अपनी प्रिये को पुकार उठता है।
नहीं बुझाई जाती वो आतिश जो सुलगती है
सावन की बूँदें बरस रही हैं, और उसके साये तले सर्द हवा के झोंके
मौसम ख़ुशग्वार बना रहे हैं
पर मेरा मन तेरे सामीप्य को तरस रहा है
वही हवा के झोंके तन-बदन में अंगार लगा रहे हैं
शुक्र है मिलन की घड़ी नज़दीक है।
बारिश से इल्तजा है, हमारे विलय की साक्षी बने
तड़प भी न रहे, झड़प भी न रहे
केवल हमारा प्रेमालाप देखे
जिसमें मैं शिव और मेरी प्रेमिका कामाक्षी बनें।।

108

बरसात की बूँदों के मनमोहक रंग, होशो-हवास उड़ाते हैं
मीठे दर्द से पीड़ित अंग-प्रत्यंग, मीठी कसक जगाते हैं
गुज़रे हुए हसीन लम्हे, ज़ेहन में आते हैं, और जाने से इंकार करते हैं
कभी आँखों में दिलकश ख़्वाब , कभी होठों में सुलगता तेज़ाब भरते हैं।

साँस लेते हैं तो आह बन जाती है, हर चाहत तेरी चाह बन जाती है
आवाज़ लगाते हैं, तो तेरे नाम की पुकार बन जाती है
धड़कने, प्रेम की झंकार बन जाती हैं
ये ज़हीन इंसान तड़पकर एक सरफिरा बन जाता है
सारा नशेमन, तुम्हारे बग़ैर , एक मक़बरा बन जाता है।।

109

माना कि ज़िंदगी के बहुत से तक़ाज़े हैं, मोहब्बत के सिवा
पर और कहाँ सब्ज़ बाग़ों के फल इतने ताज़ें हैं, मोहब्बत के सिवा
ग़ैर-ज़िम्मेदार नही हैं हर ज़रूरत को पूरा करेंगे अपने हिसाब से
पर बताओ, और कौनसी जगह है जहाँ हम शहंशाह की तरह बैठते हैं,
मोहब्बत के सिवा।

रोज़मर्रा की ज़िंदगी ज़्यादातर नीरस और उबाऊ होती है
चारों ओर कहीं भी नहीं ऐसे गाजे-बाजे हैं, मोहब्बत के सिवा
मेरी माशूक़ा ख़ास है, ख़ूबसूरत है, नेकदिल है, ख़ुदा का बख़्शा नूर है
वर्ना गिन नहीं सकते और कहीं आशिक़ों के कितने जनाज़े हैं,
मेरी मोहब्बत के सिवा।।

110

आज तेरे दर से चला तो लगा
ख़ुशी की सौग़ात वहीं छोड़े जा रहा हूँ।
बदन निढ़ाल सा हो रहा था मानो
जाँबाज़ी की हर रात छोड़े जा रहा हूँ।

अब अपनी ही अंजुमन बेमुरव्वत सी, बेनूर सी लग रही है मुझे
महसूस होता है मानो
मायूसी की मटमैली चादर ओढ़े जा रहा हूँ।

अगली मुलाक़ात इतने फ़ासले पर है
अभी से मील के पत्थर गिन कर तोड़े जा रहा हूँ।

अब तो इस अमावस में तुमसे दीदार होने पर ही
पूर्णिमा का चाँद निकलेगा
तब तक तो चिराग़ों के जलने बुझने के हिसाब जोड़े जा रहा हूँ

नाशादगी के भंवर में मन की मयार न फँस जाए कहीं
बड़े जतन से उसे बार-बार मोड़े जा रहा हूँ।।

111

आज भी उड़ान है, बादलों के बीच, आसमान में
पर एक उदासी सी है, मेरे दिल-ऐ-नादान में
एक उड़ान वो है, जब हम-तुम होते हैं एक दूजे में तल्लीन
अरमानों के पंखों पर सवार, परवाज़ लेते हैं दो जाँ नशीन।

एक हम दोनों की कल्पना की उड़ान
जब भविष्य के सुखद मंज़र ले लेते हैं जान
एक उड़ान, जब हम साथ-साथ नील गगन में विचरते हैं
हाथ थामे, जाने कितने फ़साने गढ़ते हैं।

शायद उन उड़ानों में और इस उड़ान में फ़र्क़ इतना सा है
वो उड़ानें मुझे तुम्हारे क़रीब और क़रीब ले जाती हैं
और ये उड़ान एक बिछोह का एहसास कराती है
उड़ रहा हूँ, किसी और नगर मे उतर भी जाऊँगा
पर शायद तुम बिन ख़ुद को बेहद अकेला पाऊँगा ।।

112

तुम्हें हौसला अफ़ज़ाई करने की ज़रूरत नहीं
तुम ख़ुद मेरा हौसला हो
तुम्हें इल्म भी नहीं कि तुम मेरे लिए एक मेहरबाँ हमसफ़र ही नहीं
तुम मेहरबानियों का क़ाफ़िला हो।

तुम सिर्फ़ एक राहत का श्रोत ही नहीं
तुम ख़ुद मेरे लिए राहत हो
तुम मोहब्बत बरसाने वाली बदली ही नहीं
तुम मेरी चाहत हो।

ख़ुदा की ज़ात पर वैसे तो हमेशा यक़ीन था मुझको
पर तुम ख़ुदा की बख़्शी नेमत हो
परवर-दिगार की किताब को जिस क़दर माथे से लगाता हूँ
उस क़दर तुम ख़ुद मेरे लिए ख़ुदा की आयत हो।।

113

अंजान शहर, मुश्किल सफ़र
तुम्हारी आवाज़ ही सहारा है
बड़े बोझिल हैं सातों पहर
तुम्हारा तसव्वुर ही जश्न-ए-बहारा है।

वक़्त तो गुज़रना है, गुज़र जाएगा
मक़सद भी है इक, वो पूरा हो जाएगा
दरमियाँ के फ़ासले से दर्द करारा है
अपने ख़ून का साथ देना फ़र्ज़ है मगर
तुम्हारी ललक ने हर पल पुकारा है।

पुष्प शैया भी कंटीली लग रही है
दिल, दिल न रहकर बन गया शरारा है
रोम-रोम मिलन के लिए बेचैन है
हर साँस से भड़कता अंगारा है
नज़रें कहीं ठहरने को राज़ी नहीं
कहती हैं उसे लाओ, जिसे हमेशा निहारा है।।

114

तुम मेरे साथ नहीं और ग़मगीन हैं हम
तुम्हारी आवाज़ से ही राहत है, ख़ुदा की क़सम
तस्कीन है कि मुलाक़ात की घड़ी अब दूर नहीं
दिल को गुदगुदा रही हो, कल्पना में ही सही
और यह सोच ही काफ़ी है नाशादगी से उबरने के लिए
मन में उत्साह और ताज़गी भरने के लिए।

यहाँ मय भी है और मीना भी, पर साक़ी नहीं
इस मैख़ाने में और पीने की हसरत, अब बाक़ी नहीं
मैं आ रहा हूँ, मदहोश करने के लिए, तैयार हो जाओ
मैं तुम्हारा गुलशन और खलिहान हूँ, तुम बहार हो जाओ।।

115

हवाई जहाज़ की उड़ान से मैं कुछ ख़ास मुतास्सिर नहीं होता
मैं बादलों के बीच वैसे भी उड़ लेता हूँ
मैं पंखों वाले टीन के डब्बे का मोहताज नही,
मैं हवाओं से वैसे भी मिल कर बिछुड़ लेता हूँ
मोहब्बत में वैसे भी पैर ज़मीं पर नहीं रहते, हर कल्पना की परवाज़ से जुड़ लेता हूँ।

एक मौलिक फ़र्क़ है हवाई जहाज़ और कल्पना की उड़ान में
एक माली हालत दर्शाती है, और एक ख़्याली हालत दर्शाती है
मैं तो अपनी माशूक़ा से मिलने के लिए जब उड़ान भरता हूँ
तो कई बार चाँद की किरणों से बातें करता हूँ।

बादल में छिपी महीन बूँदें राह दिखाती हैं, इंद्रधनुष को पकड़कर फिसलता हूँ
और पलक झपकते ही वो कमसिन नज़र आती है
मुझे देखकर वो बाहें फैलाती है, उसकी बाँहों में समा कर
उसे बाँहों में उठाकर में फिर से उड़ लेता हूँ
रेगिस्तान की गर्मियों में फैलता हूँ मैं, पहाड़ों की ठंड में थोड़ा सिकुड़ लेता हूँ।।

116

एक शमा की लौ से दूसरी शमा की लौ मिल जाए तो ज़्यादा उजाला करती है
एक तड़पती शै से दूसरी तड़पती शै टकरा जाए तो सुकून की साँसें भरती हैं
दो उफनती बरसाती नदियाँ जब एक दूजे में मिल जाएँ विशाल होकर बहती हैं
दो ज़ख़्मी दिल गर एक हो जाएँ तो उनकी मोहब्बत की कहानी दुनिया कहती है
कितना प्यारा इत्तेफ़ाक़ होता है जब नियति दो दिलजलों को पास लाती है
एक दूजे में तल्लीन कर, और सारे दर्द और ग़म भुलाती है।।

117

वक़्त एक सा किसी का रहता नहीं, कभी अच्छा कभी बुरा होता है
हर दिन के बाद रात, और रात के बाद सवेरा होता है
मौसम भी कभी आग, कभी बारिश, कभी सर्द हवा के झोंके साथ लाता है
सच्चा मनमीत वह होता है जो बेख़ौफ़ , बेधड़क, हर हाल में साथ निभाता है।

इस बात का फ़ख़्र है मुझे, इस बात पर मैं इतराता हूँ
हर साँस के साथ, सलामती की दुआ करता हूँ
हर धड़कन के साथ, मालिक का शुक्र मनाता हूँ
जब अपने मनमीत को, जीवन की हर कसौटी पर खरा पाता हूँ।।

118

तू पहले भी आ कर मिली है मुझसे, मगर आज का आना ख़ास है
इस क़दर ख़ुशी से झूमना, मन का, एक अनोखा एहसास है
मिलने के बाद जो होगा, वह ज़्यादा ही ख़ुशनुमा होगा
क्योंकि दोनो के दिलों में फ़िलहाल एक अनबुझ सी प्यास है।

शाम होगी पर और शामों से ज़्यादा रंगीली
रात होगी पर और रातों से ज़्यादा नशीली
आसमान से सितारे, हैरत से देखेंगे
कि शमा ख़ुद उड़कर आई अपने परवाने के पास है।

संग डोलेंगे, संग लहराएँगे
सांत्वना भी देंगे, हौसला भी बढ़ाएँगे
एक और एक मिल, ग्यारह हो जाएँगे
नज़रें भी मिलाएँगे , एक दूजे में खो जाएँगे
ये बयाँ करते लगा, तू मेरे आस-पास है।।

119

मोहब्बत में यह अजीब वाक़या देखा
जिस रक़ीब को दुत्कारा, उसी में माहिया देखा
बेरुख़ी चंद पलों की, बेअदबी उससे कुछ ज़्यादा
उसके बाद नाराज़गी का, निकलता हुआ ताज़िया देखा।

हसीन लम्हात को, पलक झपकते तब्दील होते देखा
आशिक़ को बेगुनाही की, दलील देते देखा
फिर बोझिल वातावरण को, चुटकियों में ख़ुशग्वार होते देखा
दोनों तरफ़ से प्यार का, बेपनाह इज़हार होते देखा।

दिल साफ़ हों जाएँ दोनों के तो प्यार घटता नहीं
बरबस बदलते मौसम से, दम भी घुटता नहीं
बेल की तरह दरख़्त से लिपटता बेलिया देखा
परिंदों को लड़ाने के बाद, स्नेह से दाने डालता ऊपर बैठा बहेलिया देखा।।

120

ज़िंदगी में जबतक समझदार रहे, दुखी रहे हम
दिमाग़ की सुनते रहे, जहाँ नहीं थी, वहाँ ख़ुशी ढूँढते रहे हम
लाख जतन करने पर भी, हाथ आते थे ग़म
जैसे ही दिमाग़ को छोड़, दिल को सुनना शुरू किया
ख़ुशियों ने हाथ बढ़ाकर, तार-तार दामन थाम लिया।

एक पल मे टूट गए सारे वहम, सारे भरम
दुनिया ख़ुशी को, दौलत से जोड़ती है
कहती है, दौलत न हो तो परछाई भी मुँह मोड़ती है
मैं मनचला ख़ुशी को ,मोहब्बत से आँकता हूँ
सर्वोपरि मानता हूँ, सदा अपने दिल में झाँकता हूँ।

जो कभी न रही, आज वो नेमत मेरे पास है
जो सबके लिए है अफ़साना, वो हक़ीक़त मेरे पास है
वो शोख़, शालीन, मेरे लिए सबसे हसीन, एक अजूबा
नटखट सी, प्यारी सी, अल्हड़ सी, न्यारी सी, मेरी महबूबा।।

121

तुम्हारे साथ की रहती है प्यास, मन का रहता है तुममे ही वास
और तुम्हारे सामीप्य का, इस संगदिल दुनिया में, है बेहद कोमल सा एहसास
जैसे सफ़ेद कबूतर को गालों से लगाना
जैसे गिलहरी की पींठ पर उंगलियाँ फिराना
जैसे पत्ते पर ठहरी शबनम की एक बूँद
जैसे मोर पंख को फिराना आँखे मूँद ॥

जैसे सवेरे घास पर चलते, पैरों पर लगती ओस की ठंडक
जैसे मंदिर के बाहर तक आती दीप की सुगंध मादक
जैसे जाड़े में शरीर को सेकती गुनगुनी धूप
जैसे पहली फुहार के बाद आती मिट्टी की सौंधी ख़ुश्बू
जैसे मख़मली लिहाफ़ हो चेहरे के रूबरू
और मैं इन एहसासों की आग़ोश में खो जाता हूँ
तुम्हारी निकटता के लिए और आतुर हो जाता हूँ॥

122

हाँ मैंने ख़्वाब को हक़ीक़त में तब्दील होते देखा है
वो ख़्वाब , जो जवानी से संजो के रखा था
वो ख़्वाब, जिससे रंगीनियों का मज़ा चखा था
वो ख़्वाब, जिसके पूरे होने की उम्मीद गंवा बैठे थे
वो ख़्वाब, जिसके लिए गहरे पानी पैठे थे।

वो ख़्वाब, कि हमारी भी एक महबूबा हो
हमारा दिल जिस के प्यार में इस क़दर डूबा हो
कि जहाँ नज़र डालें, वो ही वो नज़र आए
जो ख़ुद ही आग लगाए और ख़ुद ही बुझाए
जो बला की ख़ूबसूरत न सही, पर मेरे मन में बसी मूरत हो
जिसकी हर अदा दिलकश और जिसकी सादगी पर हैरत हो।

अचानक, एक परी की तरह, वह मेरी ज़िंदगी में चली आई
बेतकल्लुफ़ , बेबाक सी, बड़े हक़ से, मेरे दिल में अपने लिए जगह बनाई
उसके सामने अब मेरे लिए जलवों का ख़ज़ाना भी फीका है
यक़ीन करो मैंने वाक़ई ख़्वाब को हक़ीक़त में तब्दील होते देखा है।।

123

बड़ी बेबसी महसूस करता हूँ, जब तेरी तबियत नासाज़ होती है
दिल बेचैनी से सिकुड़ जाता है, जब कमज़ोरी तेरी आवाज़ में होती है
जी करता है सब काम छोड़कर, तेरे रूबरू पहुँच जाऊँ
या तेरे सब काम छुड़वाकर, तुझे अपने रूबरू ले आऊँ।

तेरा बेहाली में भी फ़र्ज़ को अंजाम देने का ज़ज्बा, तेरी सफलता का राज़ है
वो दिन भी आएगा जब, ख़राब तबीयत में फ़र्ज़ निभाने की मजबूरी नहीं होगी
मुश्किल हालात में, ये तड़प, ये दूरी, नहीं होगी
हर परेशानी मे, मेरी आग़ोश की गर्माहट, मेरी मोहब्बत का एक अंदाज़ होगी।।

124

लोग सावन के सुहाने मौसम में माशूक़ा को याद करते हैं
मुझे उमस भरे वातावरण में उसकी याद कुछ ज़्यादा सताती है।
लोग हर बौछार पर, हर बरखा की बहार पर, आहें भरते हैं
मैं पेशानी से पसीना पोंछते हुए, उसके तसव्वुर में एक तड़प सी पाता हूँ।।

यक़ीनन , ख़ुशगवार मौसम में, महबूबा पास हो, तो समाँ रंगीन हो जाता है
पर गर्मी की रात में दिलबर का साथ, हर गुनाह को और संगीन बना जाता है।
भीगे हुए प्रेमिका के यौवन पर तो हज़ारों शायर, शायरी रचते हैं
हमें तो गर्मी से लस्त पस्त, कुछ बेहाल, कुछ अस्त व्यस्त
आशिक़ी के मंज़र जँचते हैं।।

मेरी दिलनशीं, मौसम की मोहताज नहीं, वो तो सदाबहार है
सावन में बिजली, और ग्रीष्म में शीतल बयार है।
वो बाँहें फैलाए, तो बरखा की फुहार लगती है
और सीने से लग जाए, तो जैसे शोलों की धार लगती है
उसी के दम पर हर मौसम, प्यार का मौसम है
हर लम्हा उसके साथ एक यादगार मौसम है।।

125

दुनिया में यह अजब माजरा देखा
एक दूसरे को इस्तेमाल करने की होड़ में, हर शख़्स बावरा देखा
और अपनी ख़ुशनसीबी पर यक़ीन नहीं आया
भगवान का शुक्र है कि वो दिन मेरी ज़िंदगी में आया
बिना लाभ-हानि का सोचे मेरी माशूक़ा ने मुझ पर अपना सर्वस्व लुटाया।।

बस इस एक घटना ने मेरे दिल में जमा मोहब्बत का बांध ढहा दिया
मै अनदेखी-अंजानी भावनाओं के समंदर में बह गया
न सिर्फ़ पावन प्रेम की शुरुआत हुई
न सिर्फ़ ताउम्र साथ निभाने की बात हुई
बल्कि मानवता और मन की निश्छलता पर मेरा विश्वास क़ायम रह गया।।

126

तुम्हारी ख़ातिर तमन्नाओं की महफ़िल सजाई है मैंने
रंज और ग़म को नहीं बुलाया है
ख़्वाब , अरमान और हसरतें मौजूद होंगे वहाँ
ख़ुशी और इत्मिनान को भी पैग़ाम भिजवाया है

तुम उस महफ़िल की मलिका होगी
तुम्हारे ताज की कलगी में अपना दिल पैवस्त करवाया है
तुम्हारी राह में मेरी पलकें बिछी होंगी वहाँ
तुम्हारे तख़्त पर अपनी उम्मीदों को मढवाया है

तुम्हारी हर मुस्कान पर मेरे ख़ून-ए-दिल की बौछार होगी
और रूमानी फूलों को भी मँगवाया है
साथ-साथ जन्नत न भी नसीब हो हमें
इस महफ़िल में एक दूजे में समाकर, लगेगा जन्नत को हमनें पाया है।।

127

माना के आभा तेरे अंग-प्रत्यंग की, मेरे तन में आग लगाती है
पर लालसा रहती है तेरी उस इंद्री की, जो मुझपर प्रीत रस बरसाती है।
जैसे दूर रहकर भी घनघोर घटा ,धरती को जीवन-जल दे जाती है
जैसे बीज रहित पागल पवन, बाग़ में फूलों की बहार लाती है।।

बाट जोहता हूँ उस घड़ी की ,जब तन से तन का मेल होगा
पर उससे भी ज़्यादा आतुर हूँ, कब प्रणय-वात्सल्य का खेल होगा।
अधीर हूँ उस पल के लिए ,जब अधर अधर से टकराएँगे
उससे ज़्यादा उस पल के लिए, जब प्रेमी युगल, प्रेम में प्रणय गान गाएँगे ।।

128

तरस ख़ुद पर भी आता है, तरस तुझपर भी आता है
जुदा होते ही हर लम्हा, जब रुककर मुँह चिढ़ाता है
हम जब साथ होते हैं तो, वक़्त बीतता है ख़ुशग्वार बनकर
जुदा होते ही वो वक़्त , अनगिनत सितम ढ़ाता है।

अगले मिलन की आस में, हम सपने संजोते हैं
वक़्त हरजाई बनकर, उन्हें दूर ले जाता है
हम साथ होते हैं तो, वक़्त पंख लगा के उड़ता है
जुदा होते ही कमबख़्त , नशे में लड़खड़ाता है।

हमारी मैकशी में साथ देता है, रिंदों की तरह
जुदा होते ही, पैमाने चुरा ले जाता है
अपनी साक़िया से मिलने को, जब बेक़रार होता हूँ
मैख़ाने की राह को बे-मुरव्वत, ये वक़्त लंबी करता जाता है।।

129

सुनहरी धूप जो सारी फ़िज़ा को रौशन कर जाती है
वही धूप उमस करती है पसीना बहाती है
पागल पवन जो मंद मंद बह शीतल कर जाती है
वही पवन आंधी और तूफ़ान बन आफ़त बरपाती है
सावन की फुहार जो सारे चितवन को शीतल कर जाती है
वही फुहार बाढ़ के स्वरूप में तबाही मचाती है
क़ुदरत की हर शै एक दो धारी तलवार है
एक तरफ़ से मेहरबान सरपरस्त दूसरी तरफ़ से जानलेवा वार है
मेरी माशूक़ा की याद का भी ऐसा ही असर है
कभी शबनम की तरावट कभी शोलों का क़हर है
कभी विचलित मन को क़रार देती है
कभी बेचैनी और बेकली का अंबार देती है
कभी रसवंती बन प्रीतरस से सराबोर करती है
कभी तन बदन में आग की तपिश घनघोर भरती है
कभी आँखों मे सुंदर ख़्वाबों का संचार करती है
कभी एक अनबुझ प्यास जगा बेक़रार करती है
कभी अतीत की सुंदर झांकियों से मन पुलकित करती है
कभी वर्त्तमान की पीड़ा के एहसास से आतंकित करती है
पर मेरी महबूबा हसीन उसकी याद और हसीन
कैसे भला रोक सकता हूँ मैं
वो चाहे सितम ढ़ाए या करम मुस्कुरा कर सह सकता हूँ मैं ॥

130

तेरे प्यार में निखर कर हम गुलफ़ाम हो गए
चाहे जिस नाम से बुला सकती है
हम इतने बेनाम हो गए
तासीर इतनी पुख़्ता हमारी मोहब्बत की
तू हमारी राधा बन गई
हम तेरे श्याम हो गए
इंसान तो एक अर्से से नहीं रहे हम
मय से लबालब भरा हुआ
जाम हो गए
तू भी पहले जैसी कहाँ रही है
तू एक मनमोहक कलाकृति बनी
हम उस कलाकृति को मिला ईनाम हो गए

131

ज़बान जो कहते नहीं थकती थी
नज़रें वही कहना चाहती हैं
सांसों का संगीत तो बहुत सुना तुमने
धड़कन उसमे कुछ जोड़ना चाहती हैं
बदन की आँच ने बहुत तपाया तुमको
मन की आँच अगन लगाना चाहती है
रेशम की डोरी से बंधे हम दोनों
तुम्हारी ज़ुल्फ़ें यह काम अब करना चाहती हैं
सोच तुम्हारी और मेरी जो जुदा जुदा थी
कहने लगी ये प्रेमी प्रेमिका अब एक हो गए
ख़्याल जो अपनी बदनीयती से बाज़ न आते थे
मजबूरन हार मानकर पाकीज़ा और नेक हो गए।।

132

इज़हार मैं ही नहीं करता ,इज़हार तू भी करती है
कभी मुस्कान से, कभी नज़रों से, बेहद प्यार करती है
कोई भी राह हो मेरी ,तू बेहिचक साथ चलती है
कोई भी चाह हो मेरी, पूरी करने को मचलती है
कभी शोला भी बनती है ,कभी शबनम भी बनती है
कभी पूनम के चाँद की चाँदनी बन, परदे से छनती है
कभी मेरी आह न निकले ,दुआ हरदम ये करती है
मेरे हर ज़ख़्म पर मरहम कर ,आँखों में आँसू भरती है
महबूबा कभी थी ,अब उससे ऊपर का,मुक़ाम रखती है
मेरी मोहब्बत के चबूतरे पर चढ ,स्नेह से मुझको तकती है।।

133

मेरी मोहब्बत की बेल जब दिल से शुरू हो दिमाग़ तक चढ़ गई
फूलों की नगरी में अफरा तफरी मच गई
सारे फूल अपनी तुलना मेरी महबूबा से कर रहे हैं
कोई शर्म से लाल हो रहे हैं, कोई ईर्ष्या से बेवक़्त ही झड़ रहे हैं
लाजवंती अपनी पत्तियाँ फैलाए एकटक ताक रही है
चंपा चमेली आपस में जाने क्या फुसफुसा रही है
रजनी गंधा असमंजस में दिन में महक रही है
मोगरे की कलियाँ अपनी ही ख़ुश्बू से बहक रही हैं
फुल गेंदवा नाराज़ है कि उसे छोड़ सब किसको देख रहे हैं
गुलाब हैरान है कि सारे फूल किसके आगे घुटने टेक रहे हैं
केवल कमल ख़ुश हो और ज़्यादा मस्ती में खिल रहा है
उसे संतोष है कोई तो आशिक़ अपनी महबूबा से मिल रहा है
माना कि प्रकृति का सौंदर्य अपरंपार है
पर मेरी आँखों में मेरी माशूक़ा का प्यार ही सारा संसार है।।

134

एक चिड़िया आई आँखें मटकाई
कंधे पर चढ़कर वह बोली
तेरी महबूबा है बड़ी भोली
ख़ुश हो या नाराज़ हो नहीं छुपा पाती है
ख़ुश होती है तो मेरी तरह चहचहाती है
नाराज़ हो तो पेलीकन की तरह गाल फुलाती है
छोटी सी चीज़ काफ़ी है उसके हँसने के लिए
उस से भी छोटी चीज़ काफ़ी है आँसू बरसने के लिए
ज़िद पूरी कर दो तो आँखें उसकी चमकती हैं
जब वह यहाँ वहाँ फुदकती है ट्वीटी जैसी लगती है
जल्दी रूठती है तो जल्दी मन भी जाती है
आवेश में हंसनी की तरह अकड़ कर तन भी जाती है
बिछोह की पीड़ा में मोरनी सी आवाज़ लगाती है
मिलन के सुख में तुम्हारी चोंच से चोंच लड़ाती है
तुम ठहरे अंधे से उल्लू और वह सोनचिरैया है
पर तुम दोनो का ताल मेल अच्छा ही नहीं बढ़िया है।।

135

ख़रीद फ़रोख़्त हो रही थी, रिश्तों के बाज़ार में
लालच करवटें ले रही थी, हर दिल के दयार में
रिश्तों की अहमियत के हिसाब से, रिश्तों की बोली लग रही थी
किसी मन में करुणा माया ,किसी मन में वासना जग रही थी
मैं ख़ाली हाथ ही चला आया, रिश्तों की उस मंडी से
दूर हो जाना चाहता था, हर उस नज़र ठंडी से
एकाएक, अचानक, एक अजूबा हो गया
एक चमत्कार ,एक जादू ,एक करिश्मा हो गया
एक रिश्ता कहीं से मेरी झोली में आ गिरा
उसकी ख़ूबसूरती देख मेरा माथा फिरा
कोई नाम नहीं था उसका, मैंने उसे नाम दिया
दोस्ती से जो शुरू हुआ था सफ़र , उसे अंजाम दिया
इश्क़ ,मोहब्बत ,प्यार, उल्फ़त ,सब रिश्ते फीके हो गए
मैंने जब उसे कहा जानम ,जीने के तरीक़े बदल गए
अब मैं उसकी जान, वो मेरी जानम है
बस इसी दायरे में क़ैद ,हमारा जीवन है।।

136

हर घड़ी तुम्हारे संग, एक ख़्वाब मैं जीता हूँ
लंबी ख़्वाबों की फ़ेहरिस्त को ,मोहब्बत के धागे से सीता हूँ
कोई ख़्वाब सुनहरा सा, कोई ख़्वाब रुपहला सा
हर बार यही लगे ,वह ख़्वाब हो पहला सा
दूर होते ही आँखें , चुंधियाकर खुल जाती हैं
वास्तविकता की दुनिया मे ,ज़िंदगी घुल जाती है
एक ख़्वाब से निकलते ही ,अगले पर नज़र जमाते हैं
आख़िर निर्मम दुनिया मे , ख़्वाब ही सुकून दिलाते हैं
बस यही ख़्वाहिश है, एक ख़्वाब इतना लंबा हो
जो सांस के साथ भी न टूटे, क़ुदरत को अचंभा हो।।

137

तूने मुझे चुना ये मेरी ख़ुशनसीबी है
मैंने प्रेम का मायाजाल बुना ये तेरी ख़ुशनसीबी है
मायाजाल की गिरफ़्त में दोनों मदहोश हो गए
मोहब्बत की दुनिया के ताजपोश हो गए
अब हर चार दिन की अमावस के बाद चाँद निकलता है
चार दिन से जम कर संगमरमर हुआ दिल चांदनी में पिघलता है
और दो दिन के लिए ज़िंदगी आकाशगंगा की तरह झिलमिलाती है
तारों की सुई से चमकीले ख़्वाबों की चादर सिल जाती है
उस चादर को ओढ़कर हम मुतमईन हो जाते हैं
आराम पाते हैं ,चैन पाते हैं ,दुनिया भुला एक-दूजे में डूब जाते हैं
जुदाई के दर्द से मिलन का हर्षोल्लास कई गुना है
सिर्फ़ इसलिए कि तूने बेहिचक मुझे चुना है।।

138

उसकी रहमतों के बोझतले दबे जा रहा हूँ
शुक्राने के सैलाब में रोज़ डूबे जा रहा हूँ
उसकी रहमतों के अफ़साने कहते ज़ुबाँ कहाँ थकती है
रोज़ जो घटित होता है देखते पलक कहाँ झपकती है
मेरी दिलबर को मेरी ज़िंदगी में लाना
दोनों के दिलों में मोहब्बत की आतिश जलाना
कभी प्यार के क़सीदे पढ़ना कभी रूठना मनाना
इश्क़ की शमा, मशाल बन ,बेख़ौफ़ धधकती है
उसकी नज़र-ए-इनायत बनी रहे यही दुआ है
हमारे प्रेम की वहशत बनी रहे यही दुआ है
आती ज़िंदगी के मंसूबे किए जा रहा हूँ
जो उमड़ रहे हैं वो जज़्बे दिए जा रहा हूँ।।

139

शहर, शहर न रह कर वीराना बन जाता है
घर, घर न रहकर क़ैदख़ाना बन जाता है
बाज़ार , बाज़ार न रहकर तंगदिली का पैमाना बन जाता है
दिल पर क़हर ढ़ाता है, जब मौसम सुहाना बन जाता है

आहों के सिलसिले हैं के रुकते ही नहीं
अरमानों के क़ाफ़िले चढते हैं तो झुकते ही नहीं
हसीन लम्हे आसपास दिखते ही नहीं
ख़ूबसूरत ख़्वाब आते हैं पर टिकते ही नहीं

आँखें बुझी, ज़ुबाँ सूखी, हलक़ से आवाज़ नदारद सी
चाल लड़खड़ाती, बाँहे फड़फड़ाती, हर हरकत क़वायद सी
उसके सामने आते ही हर साँस का एक तराना बन जाता है
मन इस क़दर झूम उठता है कि हर धड़कन का एक गाना बन जाता है।।

140

तुम्हारे साथ बिताए पलों में मै यादें गढ़ता हूँ
मेरे मन में एक कमरा है जिसमे इन्हे संजो के रखता हूँ
उस कमरे के दरवाजे को फिर एक चिलमन से ढंकता हूँ
चिलमन मान प्रतिष्ठा और सम्मान का
चिलमन दिखावे का और झूठी शान का
झीना सा है चिलमन पर बड़ा हसीन लगता है
पर चिलमन ही तो है इसलिए दरवाजे पर टंगता है
जब तुम नहीं होती तब मै चिलमन हटाता हूँ
हर बार कुछ अलग यादें चुनता हूँ और उनमे खो जाता हूँ
कभी सुनहरी यादें कभी रुपहली यादें
कभी बेबाक सी कभी रंगीली यादें
कभी संजीदा सी कभी भावनाओं से भरी यादें
कभी शरारती सी हंसी की फुलझडी यादें
यादों से कुछ देर मन बहलता है पर प्यास कम नही होती
सांत्वना तो मिलती है पर मिलने की आस कम नही होती
चिलमन डाल के रोज़मर्रा की जिंदगी में वापस आता हूँ
वही एकाकीपन वही उदासी को इर्द-गिर्द पाता हूँ ।।